Ruth Hellmich

Führen mit Coaching

Vom Potenzial zur Spitzenleistung

Ruth Hellmich

Führen mit Coaching

Vom Potenzial zur Spitzenleistung

3., unveränderte Auflage

Göttingen: BusinessVillage, 2010

ISBN 978-3-938358-08-5

© BusinessVillage GmbH, Göttingen

Bezugs- und Verlagsanschrift

BusinessVillage GmbH

Reinhäuser Landstraße 22

37083 Göttingen

Telefon: +49 (0)5 51 20 99-1 00
Fax: +49 (0)5 51 20 99-1 05
E-Mail: info@businessvillage.de
Web: www.businessvillage.de

Layout und Satz

Sabine Kempke

Illustrationen

Fiona Vogel, Grafikerin,
www.webright.de, Seiten 37 und 71

Jakob Werth, Grafiker,
www.Jakob-Werth.de, Seiten 28, 34, 88 und 89

Michael Steffens
Erfolgreich Präsentieren!
2.300 Illustrationen rund ums Geschäfts- und Arbeitsleben

Copyrightvermerk

Das Werk einschließlich aller seiner Teile ist urheberrechtlich geschützt. Jede Verwertung außerhalb der engen Grenzen des Urheberrechtsgesetzes ist ohne Zustimmung des Verlages unzulässig und strafbar.

Das gilt insbesondere für Vervielfältigung, Übersetzung, Mikroverfilmung und die Einspeicherung und Verarbeitung in elektronischen Systemen.

Alle in diesem Buch enthaltenen Angaben, Ergebnisse usw. wurden von dem Autor nach bestem Wissen erstellt. Sie erfolgen ohne jegliche Verpflichtung oder Garantie des Verlages. Er übernimmt deshalb keinerlei Verantwortung und Haftung für etwa vorhandene Unrichtigkeiten.

Die Wiedergabe von Gebrauchsnamen, Handelsnamen, Warenbezeichnungen usw. in diesem Werk berechtigt auch ohne besondere Kennzeichnung nicht zu der Annahme, dass solche Namen im Sinne der Warenzeichen- und Markenschutz-Gesetzgebung als frei zu betrachten wären und daher von jedermann benutzt werden dürfen.

Bestellnummern

PDF-eBook Bestellnummer EB-643

Druckausgabe Bestellnummer PB-643

ISBN 978-3-938358-08-5

Geleitwort

Liebe Leserin, lieber Leser,

das Führen von Menschen stellt sich heute als sehr komplexe Aufgabe dar. Menschen wollen zwar einerseits mehr Selbständigkeit, Mündigkeit, Verantwortung und Veränderung, möchten aber andererseits dabei nicht alleine gelassen werden. Die hierfür erforderlichen Veränderungsprozesse im Denken und Verhalten können nur ganz allmählich bewirkt werden. Inzwischen ist bekannt, dass der Weg zu diesem Ziel nur über eine ganzheitliche Konzeption führen kann.

Als erfahrene Juristin, Trainerin und Coach hat sich Ruth Hellmich dieser spannenden Aufgabe gewidmet. Ihr Buch „Führen mit Coaching" ist ein bemerkenswerter Beitrag, weil er erstens eine ganzheitliche Konzeption darstellt und weil er zweitens auf der Summe ihrer praktischen Erfahrungen beruht. Situatives Führen, managen, trainieren sowie coachen sind elementare Fähigkeiten, mit denen wir unser Berufs- und Privatleben aktiv besser meistern können.

Mit ihrer ausgeprägten Analytik und mit sehr viel Einfühlungsvermögen in den Alltag von Führungskräften, hat die Autorin einen praktischen Leitfaden geschaffen, der hohe Beachtung verdient. Wenn sich Menschen in Rollen wie Ausbilder, Projektleiter und Geschäftsführer oder zum Beispiel auch Eltern und Erzieher als „Führungskraft" verstehen – und das sollten sie – dann ist das Buch von Ruth Hellmich sehr gut geeignet, hierzu Hilfsmittel und „Coach" zu sein.

Der praxisnahe Stil mit anschaulichen Beispielen sowie die intelligenten und humorvollen Illustrationen erleichtern es Ihnen, sich auf die für Sie relevanten Lösungswege einzulassen, sie auszuprobieren und sie letztlich in Ihren Alltag zu integrieren.

Dem Praxisleitfaden „Führen mit Coaching" wünsche ich eine große Leserschaft und Ihnen liebe Leserin und lieber Leser viel Freude und Erkenntnisse beim Lesen. Ich hoffe, dass Ihnen dieses Buch Anregung und Hilfe ist, Ihr Privat- und Berufsleben situativ richtig zu „führen".

München-Aschheim, 21. Dezember 2005

Prof. H. P. Rudolf Scheibl

Inhaltsverzeichnis

Über die Autorin 5

Vorwort 7

1. Was ist eigentlich Coaching? 9

    Begriffsklärung 9
    Abgrenzungen 9
    Mehr als nur ein Trend 10

2. Mitarbeiter Führen und Coachen 13

    Mitarbeiterführung 13
    Mitarbeitercoaching 14
    Parallelen und Unterschiede zwischen Führen und Coachen 16
    Sowohl Führen als auch Coachen 19
    Coachende Führungskraft und externer Coach 19

3. Coach, Coachee und ihre Beziehung 21

    Der Coach 21
    Haltung und Rollen des Coachees 23
    Beziehung zwischen Coach und Coachee 24

4. Psychologische Grundlagen 29

    Persönlichkeitsmodell von Riemann 29
    MBTI – Myers-Briggs-Typenindikator (MBTI®) 32
    Gefühle und ihre Bedeutung 33
    Bewusstseinsebenen – Modell von Bodhidharma 36
    Veränderungsprozesse 41

5. Der Coachingprozess 43

    Vorbereitung 43
    Kontaktaufnahme 44
    Auftragsklärung und Dreiecksverhältnis 45
    Thema 47
    Kernprozess: Intervention – Anwendung der Coachingwerkzeuge 49
    Abschluss 49
    Nachbereitung 50

6. Effektive Coachingwerkzeuge 51

Professionelle Fragetechniken 51
Zielentwicklung 56
Ökologiecheck 59
Prioritäten setzen nach Eisenhower 60
Erfolgs- und Strategiekontrolle mit T.O.T.E. 62
Zuhören 63
Perspektivenwechsel 65
Wahrnehmungspositionen und -wechsel 68
Weltbildern begegnen und sie erweitern 70
Kränkung versus Wertschätzung 72
Ich-Botschaften 75
Feedbackregeln und Johari-Fenster 77
Kritik in Feedback umwandeln 80
Coaching mit Werten 81
Transaktionsanalyse 85
Das innere Team 87
Metaphern 91
Selbstmanagement und R.E.L.A.X. 92

7. Professionalisierung Ihrer Coachingtätigkeit 97

8. Transfer in Ihren Berufsalltag 99

Selbstreflexion 99
Der Zyklus: Beginn und Ende 100

Anhang 101

Weiterführende Literatur 117

Über die Autorin

Ruth Hellmich ist seit 1992 als Kommunikationstrainerin und Coach tätig.

Nach langjähriger erfolgreicher Tätigkeit als Rechtsanwältin und Juristin in internationalen Unternehmen begann sie eine zweite Karriere als Trainerin und Coach. Sie ist seit Jahren selbständig und gibt Inhouse-Trainings und -Seminare in Unternehmen und über verschiedene Veranstalter, sie bietet offene Seminare an und führt eine Coaching-Praxis in München.

Ihr Interesse für Kommunikation und Coaching zog sich bereits während ihrer juristischen Tätigkeit wie ein roter Faden durch ihr Leben. Schon während ihrer Ausbildung zur Juristin studierte sie Psychologie und nahm an Rhetorik- und Kommunikationsseminaren teil. Im Laufe der Jahre kamen umfangreiche Aus- und Weiterbildungen hinzu, unter anderem in den Bereichen Coaching, Train-the-trainer, systemische Strukturaufstellungen, Hypnotherapie, Psychodrama, Gestalt, körperorientierte Selbsterfahrung und Emotional Release. Sie ist zudem NLP-Lehrtrainerin (anerkannt nach dem DVNLP e. V. – Deutscher Verband für Neurolinguistisches Programmieren) und verfügt über die staatliche Erlaubnis zu Psychotherapie (HPG).

Maßgeblich für die Entscheidung, den Schwerpunkt vollends auf Training und Coaching zu legen, war ihre Vorliebe für die Arbeit mit Menschen.

Ihre bevorzugten Seminarthemen sind:
Aus- und Weiterbildung zum Coach, Führen mit Coaching, Verbesserung der Führungskompetenz, Coaching, NLP-Practitioner und -Master, Grundlagen der Kommunikation, Gesprächs- und Verhandlungsführung, Schlagfertigkeit, Konfliktmanagement, Teamentwicklung, Train-the-Trainer sowie Zeit-, Ziel- und Selbstmanagement.

Kontaktdaten der Autorin:
Ruth Hellmich
Kommunikationstrainerin – Coach
– Rechtsanwältin
Pfälzer-Wald-Straße 7
81539 München
Telefon: +49 (0) 89-30 72 65 20
E-Mail: info@coaching-training.eu
Website: www.coaching-training.eu

Danksagung

Mein besonderer Dank für inhaltliche Inspiration und Textbearbeitung gilt insbesondere:
W. Bodhidharma, Annette Bücheleres, Patrick Hochgeschurz, Renate Kärtner, Mathias Markert, Ulrike Pietsch, Jutta Popóva (www.script-doctor.biz), Dr. Winrich Rauschning,
Prof. H. P. Rudolf Scheibl, Walter Schinagl, Dr. Matthias Schuppe und Johannes Voermanek.

Meiner Familie und meinen Freunden danke ich herzlich für ihr Verständnis und ihre Unterstützung in der Zeit der Entstehung dieses Praxisleitfadens.

Vorwort

Das Bild von der idealen Führungskraft befindet sich seit Jahren in einem starken Wandlungsprozess. Die Unternehmenskultur und die Anforderungen an eine Führungskraft verändern sich ständig. Das stellt nicht nur junge, sondern auch erfahrene Führungskräfte immer wieder vor neue Herausforderungen.

Einigkeit besteht in der Wirtschaft darüber, dass es an qualifizierten Führungskräften mangelt. Eine hohe fachliche Qualifikation wie bei Ärzten, Juristen, Lehrern, Ingenieuren und Informatikern allein macht noch keine gute Führungskraft aus. Dennoch ist es in Unternehmen gängige Praxis, Fachexperten zu Führungskräften zu ernennen, ohne ihre Führungskompetenz ausreichend zu berücksichtigen oder auszubilden. Den Betreffenden ist ihr Manko häufig bewusst wie eine Befragung von 8.000 ehemaligen Studenten durch das Hannoveraner Hochschul-Informationssystem (HIS) ergab. Viele Studenten fühlten sich durch ihre Ausbildung nicht ausreichend für die Arbeitswelt vorbereitet. Als eine der Hauptursachen hierfür nannten sie laut der Studie Defizite in den Schlüsselqualifikationen Führungsfähigkeit, Verhandlungsgeschick, Durchsetzungsvermögen und Konfliktmanagement.

Die Aufgaben einer Führungskraft sind vielfältig. Sie umfassen insbesondere Planung von Zielen und Abläufen, Organisation, Steuerung und Kontrolle, horizontale und vertikale Kommunikation, Personalplanung und Mitarbeiterführung. Zur Mitarbeiterführung gehört auch die Sorge um die fachliche Fortbildung und die persönliche Weiterentwicklung der Mitarbeiter. Das bedeutet immer mehr auch Coaching.

Während es bis vor kurzem noch üblich war, einen externen Coach zurate zu ziehen, sind immer mehr aufgeschlossene Führungskräfte bestrebt, ihren Führungsstil mit Coachingelementen zu bereichern. In einem modernen Führungsstil wird Coaching in Zukunft nicht mehr wegzudenken sein. Und oft ist die Führungskraft der beste Coach.

Der Begriff Coaching ist nicht immer eindeutig. So wird teilweise das damit bezeichnet, was früher Beraten, Trainieren, Training-on-the-job oder Mentoring hieß.

Coaching aber bedeutet mehr. Beim Coaching im engeren Sinne wird über die berufliche Thematik hinaus auf sehr persönliche Themen des Mitarbeiters eingegangen. Aufgrund der tatsächlichen Gegebenheiten im Berufsleben ist es oft realistischer davon auszugehen, dass eine Führungskraft nicht umfassende Coachingsitzungen gibt, sondern in die herkömmlichen Instrumente der Personalführung Coachingelemente einfließen lässt. Werden regelmäßige Mitarbeitergespräche, Zielvereinbarungen oder Feedbackgespräche durch Coaching (-elemente) bereichert, ziehen daraus alle Beteiligten einen Gewinn: die Führungskraft, der Mitarbeiter und das Unternehmen.

Dieser Praxisleitfaden gibt Einblicke und praktische Tipps zum Mitarbeitercoaching in Form von Einzelcoaching. Schwerpunkte sind Sensibilisierung für geeignete Coachingthemen, psychologische Hintergründe, Coachingprozess und -setting sowie zahlreiche effektive, innovative Coachingwerkzeuge. Verschiedene Beispielgespräche zwischen Führungskraft und Mitarbeiter sowie Checklisten zur Überprüfung der eigenen Kommunikations-, Führungs- und Coachingfähigkeiten erleichtern die Umsetzung in die Praxis.

1. Was ist eigentlich Coaching?

Begriffsklärung

Der Begriff Coaching stammt aus dem englischen Sprachraum. Beeinflusst von amerikanischen Filmen wird mit „Coaching" oft das Training eines Baseball-Teams verbunden. Der Begriff hat seine Wurzeln jedoch in dem Begriff „Kutschieren". Eine Kutsche bringt uns von A nach B. Ein Coach unterstützt uns darin, von der jetzigen Situation zur Gewünschten oder von einem Ist-Zustand in einen Ziel-Zustand zu gelangen.

Somit wird der Begriff auch in Zusammenhängen verwendet, in denen es um umfassende und vielschichtige Veränderungsprozesse geht und eine Person (der Coachee) oder ein Team zu mehr Leistung und Erfolg geführt werden will.

Coaching wird als die professionelle Förderung der persönlichen Fähigkeiten und Stärken (Ressourcen) von Menschen auf ihrem Weg zu beruflichen und/oder privaten Zielen beschrieben. Angestrebt werden mehr Erfolg und höhere Flexibilität.

Coaching wird durch eine zum Coach ausgebildete Person durchgeführt, die sich professioneller Coachingwerkzeuge bedient. Dabei baut der Coach eine Brücke zwischen den bewussten Fähigkeiten der gecoachten Person und dessen verborgenem Potenzial. Der Coach lässt seine eigenen Vorstellungen und Interessen außen vor. Er gibt dem Coachee typischerweise nicht fertige Lösungen oder Ziele vor oder serviert ihm sein Fachwissen. Vielmehr stellt er einen Rahmen zur Selbstentfaltung beruflicher oder privater Potenziale zur Verfügung. Er begleitet und unterstützt den Coachee darin, selbst neue Ziele zu entwickeln und zu konkretisieren und die geeigneten Strategien zu deren Umsetzung zu finden.

> *Man hilft den Menschen nicht, wenn man etwas für sie tut, was sie selbst tun könnten.*
>
> Abraham Lincoln

Abgrenzungen

Die Übergänge zwischen Beraten, Trainieren, Mentoring und Psychotherapie sind fließend. Dennoch gibt es Schwerpunkte und Abgrenzungskriterien.

Bei einer **Beratung (Counceling)** hat der Berater einen Wissens- und Erfahrungsvorsprung. Er berät den Ratsuchenden. Meist geht es um sachliche Themen.	Beim **Coaching** wird dem Coachee nicht die Lösung präsentiert. Er entwickelt/bestimmt die Ziele und Strategien selbst.
Training und Weiterbildung zielen auf die Erweiterung der Fachkompetenz oder die Verfeinerung der Soft Skills ab. Sie finden meist in Gruppen statt.	**Coaching** findet meist in einem Zweiergespräch statt. Hier wird näher auf die einzelne Person eingegangen.
Training-on-the-job findet in der unmittelbaren praktischen Arbeitssituation statt. Die berufliche Rolle des Mitarbeiters steht im Mittelpunkt.	**Coaching** konzentriert sich auf die Stärken und Schwächen einer Person. Die Themen können auch über den beruflichen Kontext hinausgehen.
Beim **Mentoring** begleitet ein meist älterer oder an Erfahrung reicherer Mentor eine Person während eines Lernprozesses. Der Mentor verfügt selbst über das Know-how oder die Soft Skills.	Im **Coaching** kann auch ein Lernprozess begleitet werden, jedoch ist es nicht notwendig, dass der Coach über ein einschlägiges Fachwissen verfügt.
Psychotherapie beschäftigt sich mit diagnostizierbaren psychischen Krankheitsbildern. Psychotherapie darf nur ausüben, wer dazu von staatlicher Seite autorisiert ist.	Die Themen im **Coaching** dienen der Förderung von Fähigkeiten, Zielen und dem Entwicklungspotenzial eines Menschen. Ist eine psychische Problematik diagnostizierbar, darf hier nicht gecoacht werden.

Mehr als nur ein Trend

Nachdem Coaching zunächst überwiegend in Spitzensport, Spitzenpolitik und Topmanagement eingesetzt wurde, gehört Coaching mittlerweile auch im mittleren Management zum guten Ton. Der Trend geht weiter dahin, dass immer mehr Menschen in unterschiedlichen Aufgaben- und Verantwortungsbereichen bei beruflichen und privaten Anliegen einen Coach aufsuchen. Coaching-Ausbildungen boomen und immer neue Coaching-Verbände werden gegründet. Auf keinem Weiterbildungssegment bewegt sich derzeit so viel wie in diesem Bereich.

Laut wissenschaftlichen Untersuchungen stellen Fortbildungen und persönliche Weiterentwicklungsmöglichkeiten für Mitarbeiter einen stärkeren Motivationsfaktor dar als eine Gehaltserhöhung. Gerade in der heutigen Zeit der schnellen technischen Entwicklung, des Wertewandels und der Globalisierung des Marktes werden Veränderungs- und Anpassungsprozesse der einzelnen Mitarbeiter und der Unternehmen immer wichtiger. Die Bewältigung der daraus für den einzelnen Mitarbeiter entstehenden Aufgaben wird durch Coaching gefördert. Das wiederum bewirkt, dass Unternehmen den Anschluss an die Marktentwicklung nicht verlieren, sondern kontinuierlich auf dem Laufenden bleiben.

Von Mitarbeitercoaching und dem Einsatz von Coachingwerkzeugen profitieren:

Die Führungskräfte
- mittel- bis langfristige Entlastung in Sachentscheidungen, da Mitarbeiter mehr Verantwortung übernehmen
- verbesserte Beziehung zum Mitarbeiter
- mehr Zeit für andere Managementaufgaben
- höheres Leistungsniveau des Einzelnen und der gesamten Abteilung
- gesteigerte Karrierechancen auf Grund besserer Leistungen der Mitarbeier und auf Grund eines verbesserten Führungsstils

Die Mitarbeiter
- persönliche Wertschätzung
- fortlaufende fachliche und persönliche Qualifizierung
- verbessertes Arbeitsklima
- erhöhte Karrierechancen
- höhere Motivation und Freude an der Arbeit

Das Unternehmen
- leistungsstarke Mitarbeiter und Teams
- höhere Loyalität und langfristige Bindung qualifizierter Mitarbeiter
- stärkeres Engagement der zum Coach ausgebildeten Führungskraft in der Personalentwicklung
- bessere Zusammenstellung von Teams durch eine zum Coach ausgebildete Führungskraft
- Know-how und Leistung des Unternehmens bleiben auf dem neuesten Stand entsprechend internationaler Marktentwicklung und dem Zeitgeist
- attraktivere Unternehmenskultur und somit höheres Prestige

> *Der Nutzen ist das Mark und der Nerv aller menschlichen Handlungen.*
> Spinoza

2. Mitarbeiter Führen und Coachen

Mitarbeiterführung

Die Vorstellungen darüber, was gutes Führen heißt, sind nicht einheitlich und haben sich im Laufe der Zeit verändert. Es gibt zahlreiche Definitionen und Kategorisierungen (siehe unter anderem Kenneth Blanchard „Der Minutenmanager", „Führungsstile"). Sie lassen sich grob in zwei Hauptrichtungen einteilen: den autoritären Führungsstil und einen mehr am Mitarbeiter orientierten, situativen Führungsstil.

Historisch gesehen war die klassische Führungskraft der Lehrer oder Meister. Wie der Dachdeckermeister gegenüber dem Gesellen unterrichtete er und gab Anweisungen, die der Lehrling zu befolgen hatte. Die ordnungsgemäße Ausführung der zugeteilten Aufgaben wurde vom Vorgesetzten kontrolliert. Bei diesem autoritären Führungsstil sind die Anweisungen detailliert, alles geschieht nach den Vorgaben des Vorgesetzten. Im Unterschied dazu berücksichtigt der am Mitarbeiter orientierte Führungsstil mehr die Fähigkeiten und – je nach Situation – Interessen des Mitarbeiters. Er verlangt von der Führungskraft eine höhere Kooperations- und Teamfähigkeit und vom Beschäftigten ein stärkeres Mitdenken, ein selbständigeres Entscheiden und ein höheres Maß an Bereitschaft, Eigenverantwortung zu übernehmen.

In Unternehmen haben heute alle Arten von Führungsstilen ihren Stellenwert und ihre Rechtfertigung. Je nach Aufgabenbereich, Situation, Unternehmenskultur und Person kann der autoritäre Führungsstil die beste Wahl sein. Er wird von Führungskräften beispielsweise oft bei Auszubildenden, weniger qualifizierten Tätigkeiten oder der Notwendigkeit einer zentralen Verwaltung bevorzugt. Je höher qualifiziert ein Mitarbeiter ist, desto eher wird ein Führungsstil gewählt, der auf Eigenverantwortlichkeit des Mitarbeiters setzt. Denn dies entspricht dem Wunsch gerade vieler höher qualifizierter Beschäftigter nach mehr Eigenständigkeit und Entscheidungsfreiraum. Autoritäre Anweisungen würden die Motivation dieser Mitarbeiter beeinträchtigen. Zudem können gerade solche Mitarbeiter fachlich höher qualifiziert sein als ihre Vorgesetzten, so dass detaillierte Anweisungen nicht möglich sind. So kann eine Führungskraft einem hoch spezialisierten IT-Mitarbeiter oft nur Leitlinien vorgeben, die dieser selbständig umsetzt.

Eine weitere Möglichkeit, Führungsstile zu unterscheiden bietet das **Führungsquadrat** (Kenneth Blanchard). Gemessen an dem Grad der Eigenständigkeit, nach dem der Mitarbeiter seine Aufgaben bewältigt, werden vier Führungsstile unterschieden:

| Quadrant 3
Unterstützen und beraten | Quadrant 2
Trainieren |
|---|---|
| Quadrant 4
Delegieren | Quadrant 1
Konkrete Anweisungen |

Abbildung 1: Führungsquadrat von Kenneth Blanchard

Der Führungsstil des Quadranten 1 ist geeignet für ungelernte Mitarbeiter oder Auszubildende. Die Führungskraft legt detailliert fest, was wer wie und bis wann zu erledigen hat. Im Quadranten 2 besteht die Führung darin, den Mitarbeiter anzulernen und zu trainieren, so dass er die Aufgaben seines Zuständigkeitsbereichs in Zukunft immer selbständiger erfüllen kann. Im Quadranten 3 sind die Ziele und zum Teil die Vorgehensweise vorgegeben. Die Führungskraft unterstützt und berät seinen Mitarbeiter in dem Erreichen der Ziele. Im Quadranten 4 sind lediglich die Ziele vorgegeben, die Vorgehensweise bestimmt der Mitarbeiter selbst. Ein Coaching kann darin bestehen, dass eine Führungskraft einen Mitarbeiter darin fördert, von einem Quadranten in den nächst höheren zu gelangen und bei konkreten Aufgaben mehr Eigenverantwortung zu übernehmen.

Ob sich heute ein bestimmter Führungsstil der Zukunft vorhersagen lässt, wird in Fachkreisen unterschiedlich diskutiert. Die Beobachtungen in der Praxis weisen – ebenfalls vereinfachend – in zwei konträre Richtungen. Einerseits ist eine Verdichtung der Hierarchieebenen und eine Entwicklung zu autoritärem Führen feststellbar. Führungskräfte erheben wieder vermehrt den Anspruch, dass ihre Anweisungen widerspruchslos befolgt werden. Die Tendenz bei Mitarbeitern steigt, Anweisungen von Vorgesetzten kritiklos zu befolgen. Die Anzahl von innovativen Vorschlägen durch Mitarbeiter sinkt, Unternehmensentscheidungen werden seltener kritisiert. Dies wird überwiegend auf die derzeitige Wirtschaftssituation und die Angst der Mitarbeiter vor Beförderungsnachteilen oder Arbeitsplatzverlust zurückgeführt.

Andererseits wird in vielen Unternehmen beobachtet, dass klassisches Führen und hierarchische Strukturen zunehmend ersetzt werden durch ein organisch vernetztes Miteinander. Hier findet sich eine Verflachung der Hierarchieebenen, Menschen haben weniger feststehende Positionen, sondern lediglich unterschiedliche Funktionen und Zuordnungen. Vergleichbar mit der Schwarmintelligenz bei Tieren ist Führen danach nur durch eine Person möglich, wenn und solange sie über mehr Erfahrung und höhere Fähigkeiten auf dem entsprechenden Gebiet verfügt als die anderen. Als Vorreiter des Führens der neuen Zeit wird die zunehmende Bewältigung von Aufgaben in Projekten gesehen. Diese Kultur der Zusammenarbeit setzt einen eigenverantwortlichen, mündigen Menschen voraus.

Mitarbeitercoaching

Entscheidet sich eine Führungskraft dazu, ihre Mitarbeiter auch zu coachen, räumt sie damit gleichzeitig der Förderung der Mitarbeiter einen hohen Stellenwert ein. Einer Führungskraft mit einem überwiegend mitarbeiterorientierten Führungsstil wird dies leichter gelingen als einer autoritären Führungskraft.

Viele Unternehmen lassen diese Förderung eher ihren höher qualifizierten Beschäftigten zukommen. Denn diese Zielgruppe hat ein starkes Interesse an Weiterbildung und -entwicklung. Eine Förderung dieser Zielgruppe ist aus Sicht eines Unternehmens wirtschaftlich zudem umso sinnvoller, als es gerade von hoch dotierten Mitarbeitern optimal profitieren möchte. Immer mehr Führungskräfte entscheiden sich deshalb, die Entfaltung des Potenzials qualifizierter Mitarbeiter durch Coaching oder Coachingelemente sicherzustellen und ihren Führungsstil entsprechend zu bereichern.

Der Trend geht weiter dahin, Mitarbeitercoaching auf allen Hierarchie- und Qualifikationsebenen einzusetzen. Denn die Vorteile sind offensichtlich und zwar auf allen Qualifikationsebenen von Mitarbeitern.

> **Beim Führen mit Coaching**
>
> „... wird eine neue partnerschaftliche Lernimpulskultur kreiert, die durch Feedback- Führungskultur die Mitarbeiter auf allen Ebenen persönlicher Leadership-Kompetenz, also fachlich, methodisch, sozial und strategisch weiterqualifiziert"
>
> Gunnar Kunz und andere

> **Nach einer anderen Definition ist**
>
> „Mitarbeitercoaching ... ein Prozess, bei dem die Führungskraft dem Mitarbeiter hilft zu lernen, wie er Aufgaben und Probleme selber lösen kann"
>
> Elisabeth Haberleitner

Mitarbeitercoaching bedeutet nicht:
- Unternehmensziele werden vernachlässigt, der Unternehmenserfolg sinkt
- zielorientierte Führung wird ersetzt
- Mitarbeiter werden verweichlicht (Führung von Softis für Softis)
- reiner Selbstzweck, den sich Unternehmen nur in guten Zeiten leisten können, um in Krisenzeiten wieder auf autoritäres Führen zurückzugreifen
- Verzicht darauf, dass sich der Mitarbeiter professionell auf die Aufgabe einstellt (und sich stattdessen die Aufgabenstellung nach ihm richten muss)
- dass alles verstanden und nichts mehr gefordert wird
- übertriebener Fokus auf persönliche Befindlichkeiten anstatt auf die Aufgaben
- dass Leistungsanforderungen weichgespült werden
- von den Unternehmenszielen losgelöster Ausdruck des Eigenlebens der Personalabteilung

Vielmehr bedeutet Mitarbeitercoaching:
- die Mitarbeiter bekommen die Chance, ihre Stärken und Schwächen zu erkennen

- die Stärken und Ressourcen der Mitarbeiter werden gefördert und entsprechend eingesetzt
- die Einstellung der Mitarbeiter zum Unternehmen und ihre Loyalität verbessern sich, Zufriedenheit und Leistungsbereitschaft nehmen zu
- höhere Motivation und besseres Mitdenken der Mitarbeiter durch Sinnvermittlung und Einbeziehung
- eine stärkere professionelle Orientierung auf Aufgaben und Erfolge
- Gewinn an zusätzlichen Führungsinstrumenten zu den bereits vorhandenen
- die Kommunikation wird verbessert
- eine innovative Maßnahme, die sich auf die Personalentwicklung und das Lernen aller im Unternehmen Beteiligten auswirkt.
- höhere Wahrscheinlichkeit für das Gesamtunternehmen, hinsichtlich der Marktentwicklung auch international auf dem Laufenden zu bleiben
- permanente, ständig zeitgemäße Qualitätssicherung im Gesamtunternehmen
- verbesserte Unternehmenskultur und höhere Attraktivität als Arbeitsplatz für gute Mitarbeiter (dadurch entsteht ein positiver, sich selbst bestärkender und erhaltender Kreislauf)

Parallelen und Unterschiede zwischen Führen und Coachen

Zwischen Führen und Coachen bestehen sowohl Gemeinsamkeiten als auch Unterschiede. Dabei sind die Unterschiede von Coaching zu autoritärem Führen größer als zu einem mitarbeiterorientierten Führungsstil. Die Unterschiede werden in der Praxis bedeutsam, wenn die Führungskraft auch coacht. Für eine autoritäre Führungskraft oder einen externen Coach ist es nicht notwendig, sich mit diesem Thema auseinanderzusetzen. Für den coachenden Vorgesetzten jedoch ist es ein Muss.

Parallelen zwischen Führen und Coachen:
- Bei beidem ist das Wohl der Mitarbeiter wesentlich.
- Die Weiterentwicklung der Mitarbeiter wird – mit unterschiedlichen Prioritäten – berücksichtigt.
- Coach und Führungskraft stärken dem Mitarbeiter nach außen hin den Rücken.
- Sie glauben an dessen Stärken und Entwicklungsfähigkeiten.
- Beide haben Motivation und Engagement des Mitarbeiters im Fokus.
- Beide haben ein offenes Ohr für die Anliegen des Mitarbeiters – auch in Krisenzeiten.
- Beide haben Vorbildfunktion.
- Beide geben dem Mitarbeiter ehrliches Feedback.
- Sie zeigen im Umgang mit dem Mitarbeiter Wertschätzung und Respekt – auch in Stresssituationen.
- Sie bringen beide die notwendige Geduld und Empathie in Gesprächen auf und sind tolerant und flexibel gegenüber anderen Meinungen.
- Beide verfügen über hervorragende Kommunikationsfähigkeiten.

Abbildung 2: Parallelen und Unterschiede zwischen Coachen und Führen

Unterschiede zwischen Führen und Coachen

- Die autoritäre Führungskraft gibt Unternehmens- und Mitarbeiterziele vor.
- Ein Coach legt seine eigenen Vorstellungen und Annahmen über den Coachee, dessen Aufgaben und Ziele so weit wie möglich ab. Er stellt sich völlig auf die subjektive Welt des Coachees ein. Die zweitbeste Lösung des Mitarbeiters ist besser als die Beste des Coachs. Denn der Mitarbeiter wird seine eigenen Ideen besser vertreten und durchführen können als die der Führungskraft.
- Die Führungskraft gibt in Form von Anweisungen Sach- und Wirtschaftsziele vor. Sie kontrolliert Erfolge an Fakten und Zahlen.
- Der Coach orientiert sich an Humanzielen, die er gemeinsam mit dem Mitarbeiter entwickelt. Er fragt und hört zu. Einsicht und Zielidentifikation des Mitarbeiters haben hohe Priorität. Der Coach kontrolliert Erfolge an den Fortschritten im Verhalten des Mitarbeiters. Verhaltensveränderungen führen oft zu gewünschten Sachzielen und sind oft notwendig, um diese zu erreichen.
- Die Führungskraft hat ihren Fokus eher auf der Frage, ob das Ziel erreicht ist.
- Der Coach beschäftigt sich mit dem Weg, der zur Zielerreichung führen kann und mit den messbaren Lernschritten und persönlichen Verhaltensänderungen. Die Auswirkungen des persönlichen Erfolgs sind erreichte Zahlen und Sachziele.
- Die Führungskraft hat im Berufsalltag oft wenig Zeit für seine Mitarbeiter.
- Der Coach nimmt sich Zeit für jeden Einzelnen und hat Geduld.

Die Unterschiede zeigen sich am deutlichsten, wenn Interessen des Unternehmens und des Coachees voneinander abweichen. Beim autoritären Führen haben die Interessen des Unternehmens den Vorrang, während beim

Abbildung 3: Die klassische Führungskraft gibt Ziele vor

reinen Coaching die Belange des Coachees erste Priorität behalten.

Beispiel 1: *Als Coach erfährt der Vorgesetzte, dass der Mitarbeiter im Unternehmen unzufrieden ist und sich anderweitig bewirbt. Gleichzeitig hat er im jetzigen Unternehmen einen Antrag auf Gehaltserhöhung und Beförderung gestellt. Hierzu muss die coachende Führungskraft gegenüber dem eigenen Vorgesetzten Stellung nehmen. Nun stehen sich das Interesse des Unternehmens an einer sinnvollen Investition und die Verpflichtung des Coachs zu Verschwiegenheit gegenüber. Es kann für den Coach schwierig sein, die Absichten des Mitarbeiters nicht in seine Beurteilung einfließen zu lassen.*

Beispiel 2: *Eine Führungskraft betreut ein Projekt, das in den nächsten zwei Wochen fertig gestellt werden muss. Die Zeit ist knapp. Der Termin kann nur eingehalten werden, wenn das gesamte Team mit vollem Einsatz arbeitet. Wird die Frist versäumt, drohen Vertragsstrafen, Imageverlust und der Verlust von Folgeaufträgen. Einer der Mitarbeiter, der für das Projekt maßgebend ist, ist sehr erschöpft. Er zeigt erste Anzeichen eines Burn-out. Noch ist er jedoch arbeitsfähig. Es besteht ein Konflikt zwischen der Fürsorge für den Mitarbeiter und dem Unternehmensinteresse an der Einhaltung der Frist.*

Beispiel 3: *Der Vorgesetzte weiß, dass seine Abteilung in absehbarer Zeit aufgelöst und dem Mitarbeiter betriebsbedingt gekündigt wird. Der Mitarbeiter macht seit Monaten Überstunden, um die von ihm entwickelte Datenbank für das Unternehmen nutzbar zu machen. Hier stehen das Interesse des Vorgesetzten an der Fertigstellung der Datenbank und das Wissen um die fehlende Zukunftsperspektive des Mitarbeiters im Konflikt.*

In der Praxis sind solche Konfliktsituationen für die Führungskraft eine regelmäßige Herausforderung. Je klarer die Führungskraft diese Konflikte erkennt und je souveräner und behutsamer sie damit umgeht, desto eher wird sie sich selbst, dem Unternehmen und ihren Mitarbeitern gerecht werden können.

Sowohl Führen als auch Coachen

So wie die Übergänge zwischen den einzelnen Führungsstilen fließend sind, so können auch Führen und Coachen nahtlos ineinander übergehen. Eine Führungskraft, die sich entscheidet, in Zukunft auch zu coachen oder Coachingwerkzeuge zu verwenden, verzichtet damit nicht auf andere Führungselemente.

Im Gegenteil: Eine coachende Führungskraft gewinnt zu ihren bisherigen Führungsfähigkeiten wertvolle Verhaltensalternativen hinzu und vergrößert ihr Verhaltensrepertoire. Sie kann weiterhin auf alle anderen Führungselemente zurückgreifen. Vergleichbar einem guten Fußballtrainer kann sie die Richtung für die Mannschaft klar vorgeben und die einzelnen Teammitglieder entsprechend ihren individuellen Stärken noch besser fördern und einsetzen.

Ist jeder Einzelne entsprechend seinen Talenten gut, werden auch das Team und das Gesamtunternehmen leistungsstark sein. Eine gute und flexible Führungskraft weiß, wann sie zu welchen Führungswerkzeugen greift.

Coachende Führungskraft und externer Coach

Während die Führungskraft in der Praxis überwiegend Coachingwerkzeuge einfließen lässt, leistet der externe Coach reines Coaching.

Manche Mitarbeiter bringen einem externen Coach oft mehr Vertrauen entgegen als ihrem Vorgesetzten. Sie wissen, der externe Coach beurteilt sie nicht, entscheidet nicht über ihre nächste Gehaltserhöhung oder Beförderung und er steckt nicht in denselben Arbeitsabläufen wie sie selbst. Einem externen Coach werden deshalb oft eher persönliche Schwächen, fachliche Unzulänglichkeiten, Ängste oder Überforderung anvertraut. Oft ist es für den externen Coach auch leichter, den Coachee unvoreingenommen, neutral und in einer Gesamtschau zu erfassen. Bildlich gesprochen dreht er sich nicht gleichzeitig mit dem Coachee im selben Karussell, sondern steht mit Distanz und Überblick davor.

Selbstverständlich können gegenüber einem externen Coach ebenfalls Vorbehalte bestehen oder kann umgekehrt ein Vorgesetzter das volle Vertrauen eines Mitarbeiters genießen.

Dass der externe Coach weniger in das Unternehmen eingebunden ist als eine coachende Führungskraft, kann auch von Nachteil sein. Der externe Coach ist meist auf Berichte aus zweiter Hand angewiesen. Er kann sich selten ein eigenes Bild von der Arbeitssituation des Coachees machen. Eine Selbst- und Fremdbildüberprüfung ist nicht so leicht möglich wie durch die coachende Führungskraft. Die kennt oft die gesamte Branche und die Situation des Mitarbeiters und kann ihn bei seiner Tätigkeit beobachten. Auf Grund dessen und seiner Vorkenntnisse ist der Vorgesetzte oft die beste Person, um seine Mitarbeiter zu coachen.

Ist ein umfangreicheres Coaching erforderlich oder ist die Unbefangenheit einer unbeteiligten Person gefragt, wird ein externer Coach die richtige Wahl sein. Obwohl Coaching notwendig und in Unternehmen immer häufiger anzutreffen ist, wird in der Praxis Coaching nach wie vor von manchen Mitarbeitern abgewertet. Eine Führungskraft kann ein Mitarbeitergespräch mit Coachingelementen als normales Mitarbeitergespräch tarnen. Bei Hinzuziehung eines externen Coachs kann dies schwieriger sein.

Generell gilt sowohl für internes als auch für externes Coaching, dass das Unternehmen damit eine Wertschätzung des Mitarbeiters zum Ausdruck bringt. Denn ein Unternehmen investiert nur in einen Mitarbeiter, an dessen Fähigkeiten es glaubt.

Dreizehn „eherne Regeln" des Nichttuns eines Mitarbeitercoachs

Nicht ernst gemeinter Tipp:
Nicht ernst gemeinter Tipp: Möchten Sie Ihre Karriere sowie Kopf und Kragen riskieren, probieren Sie möglichst viele eherne Regeln des Nichttuns aus! Sie werden neue Erfahrungen machen! Genießen Sie die Konsequenzen!

1. Beurteilen und kommentieren Sie alles, was der Mitarbeiter Ihnen sagt. Verstärken Sie Ihre Sprache mit großen Gesten, einer schrillen Stimme und einem vehementen Gefühlsausdruck.
2. Unterbrechen Sie ihn wiederholt und hartnäckig.
   Nicht dass er glaubt, eine einmalige Unterbrechung sei zufällig erfolgt.
3. Belehren Sie ihn! Erheben Sie dabei immer wieder Ihren Zeigefinger.
4. Halten Sie stets und schnell die einzig richtige Lösung bereit. Lassen Sie keine Diskussion zu.
5. Üben Sie sich in konstanter Ungeduld.
6. Beschäftigen Sie sich während des Gesprächs mit anderen Dingen. Sie können schließlich gleichzeitig die Unterschriftenmappe bearbeiten und zuhören. Auch ein Telefonat zwischendurch zeigt ihm, wie unwichtig er ist.
7. Rufen Sie sofort nach einem vertraulichen Gespräch die Klatschtante des Unternehmens an und teilen ihr die Inhalte unter dem Siegel der Verschwiegenheit mit.
8. Geben Sie nur Versprechen, die Sie wieder brechen. Halten Sie ihm Köder vor die Nase.
9. Lachen Sie über seine Probleme, am besten mit anderen Kollegen auf dem Flur.
10. Geben Sie keine Körpersignale und ignorieren Sie sie konsequent bei Ihrem Mitarbeiter.
11. Vermeiden Sie eine Begrüßung und jeglichen Augenkontakt.
12. Kündigen Sie den Gesprächstermin auf keinen Fall an, damit nicht nur Sie unvorbereitet sind.
13. Umgangsformen wie Höflichkeit halten Sie für antiquiert. Lassen Sie sich auf keinen Fall in einer schwachen Minute dazu hinreißen.

3. Coach, Coachee und ihre Beziehung

Für ein erfolgreiches Coaching sollten sowohl in der Person des Coachs und des Coachees als auch in der Beziehung zwischen beiden bestimmte Voraussetzungen erfüllt sein.

Der Coach

Der Coach sollte über eine qualifizierte Coachingausbildung und ein möglichst umfassendes, professionelles Handwerkszeug verfügen und die erforderlichen persönlichen Fähigkeiten und Interessen mitbringen. Sehr große Bedeutung für die Erfolgsaussichten eines Coachings hat die innere Haltung des Coaches zum Coachee. Sie sollte von Wertschätzung und Respekt geprägt sein und der Coach sollte von der Weiterentwicklungsfähigkeit des Coachees überzeugt sein. Zudem sollte er in der Lage sein, seine eigenen Vorstellungen und Interessen weitestgehend außer Betracht zu lassen.

Vom Problem- zum Lösungsbewusstsein

Ein Erfolgsmerkmal für die innere Einstellung des Coaches ist eine lösungsorientierte Herangehensweise an Probleme. Diese Haltung sollte der Coach verinnerlicht haben und sie sollte sich auf den Coachee übertragen. Viele Menschen haben die Tendenz, sich auf Probleme statt auf Lösungsmöglichkeiten zu fokussieren und sich in die Probleme hineinzuverbeißen. Sie grübeln zu lange über Misserfolge nach und kommunizieren mit sich und anderen auf eine Art und Weise, die immer tiefer in den Problemzustand hineinführt:

- Warum konnte das nur passieren. ...?
- Wieso machen Sie oder mache ich immer ...?
- Wie oft wollen Sie noch ...?
- Immer machen Sie das ...!
- Dauernd vergesse ich ...!

Effektiver, nützlicher und zeitsparender als die oben genannten Reflexionen ist die Ausrichtung auf Lösungen und Ressourcen. Eine lösungsorientierte Denkweise sollte für den Coach selbstverständlich sein. Mit folgenden Fragen kann er bei sich und dem Coachee lösungsorientiertes Denken verstärken:

- Wann ist Ihnen eine ähnliche Situation schon einmal gelungen?
- Was war trotz Ihres Misserfolges gut an der Vorgehensweise/an den Folgen?
- Was können Sie beim nächsten Mal beibehalten, was können Sie ändern?
- Welche positiven Aspekte liegen in dem Problem?
- Was haben Sie daraus gelernt?

Beispiel: Ein Coachee beklagt sich, dass an seinem Arbeitsplatz alles schlechter geworden ist. Die Kollegen sind nicht mehr so nett, der Druck ist größer, es wird mehr Leistung in weniger Zeit verlangt und die Zukunftsabsicherung ist auch nicht mehr so wie früher.

Nachdem die Situation in den wesentlichen Aspekten dargestellt wurde, fragt der Coach den Coachee: Was ist trotz der geschilderten Schwierigkeiten für Sie gut? Was würden Sie gern verändern? Was lässt sich nicht ändern? Wie können Sie das ändern, was veränderbar ist? Was benötigen Sie, damit die Situation besser wird? Mit was möchten Sie beginnen?

Den Fokus auf Lösungen zu haben, bedeutet nicht, Schwierigkeiten, Hindernisse, Nachteile und Risiken außer Betracht zu lassen. Auch diese Aspekte werden mit angemessenem Stellenwert bei Lösungen und Zielen berücksichtigt.

Ein fördernder Coach geht zudem davon aus, dass der Coachee die Lösungen für seine Probleme bereits in sich trägt. Er versteht sich als Hebamme, die dem Potenzial des Coachees zur Geburt verhilft. Geduldig und in dem Bewusstsein, dass Veränderungen Zeit brauchen, achtet er darauf, dass das Tempo im Coaching dem des Coachees entspricht. Für Menschen im Business kann es wichtig sein, aus ihren schnellen Denkstrukturen und ihrem Funktionsmodus einmal auszusteigen und andere Perspektiven einzunehmen oder den Kontakt zu ihren Gefühlen zu verstärken. Der Coach unterstützt den Coachee dabei, der zu sein, der er wirklich ist und hat Freude daran, wenn dieser seine Probleme bewältigt, seine Fähigkeiten entfaltet, erfolgreicher wird und an Lebensfreude gewinnt. Dabei ist seine Haltung stets respektvoll und von Wertschätzung geprägt.

(siehe Checkliste Selbstreflexion *Haltung eines Coach* im Anhang)

Eigenes Coaching und Supervision des Coachs

Willst du ein guter Leiter sein, dann schau auch in dich selbst hinein.

Wilhelm Busch

Wer andere coacht, sollte auf jeden Fall schon selbst gecoacht worden sein, ihm sollte Coaching in der Rolle des Coachees vertraut sein. Das gilt auch für die Führungskraft, die Coachingwerkzeuge einsetzt. Im Coaching können eigene Themen geklärt werden. Eine solche eigene Persönlichkeitsentwicklung ist erforderlich für einen professionellen Umgang mit den Themen des Coachees.

Die erste Bedingung, um mit anderen in Harmonie leben zu können, ist die, mit sich selbst in Einklang zu sein.

Aristide Gabelli

Ein Coach sollte sich zudem regelmäßig und vor allem bei Problemen mit dem Coachee von einem Supervisor supervidieren lassen. In der Supervision werden Themen des Coachs im Zusammenhang mit einem Coaching geklärt. Denn auch im Coaching gibt es die Phänomene der sogenannten Übertragung und Gegenübertragung, die ursprünglich von Sigmund Freud, dem Begründer der Psychoanalyse, beschrieben wurden.

Mit Übertragung ist gemeint, dass der Coachee auf den Coach Eigenschaften oder Rollen überträgt, die er von früher kennt. Sieht er in der Führungskraft beispielsweise seinen Vater, können je nach Vorerfahrung in ihm Wünsche nach Sicherheit oder Versorgtwerden entstehen. Diese Wünsche richtet er dann bewusst oder unbewusst an seinen Vorgesetzten. Verbindet er mit seinem Vater, dass er dessen Anforderungen nicht erfüllen konnte, ist es möglich, dass er sich gegenüber der Führungskraft minderwertig fühlt und sich entsprechend verhält.

Reagiert der Coach auf die Übertragung des Coachees, indem er den Part der Projektionsfigur annimmt und sich entsprechend verhält, liegt eine Gegenübertragung vor. Im obigen Beispielfall könnte eine Gegenübertragung so aussehen, dass sich der Coach gegenüber dem Coachee überlegen fühlt und bei ihm unbewusst immer wieder das Gefühl von Minderwertigkeit hervorruft. Das kann zum Beispiel durch überzogene Anforderungen an den Mitarbeiter geschehen, die dieser regelmäßig nicht erfüllen kann. Bei diesem Beispiel einer Gegenübertragung könnte gleichzeitig ein Bedürfnis des Coaches nach Macht gestillt werden. Eine angemessene Förderung des Mitarbeiters wäre nicht möglich. Der Coach müsste das Thema für sich klären oder einen anderen Coach empfehlen.

Haltung und Rollen des Coachees

Abbildung 4: Der Coachee ist nicht nur Mitarbeiter

Eine weitere unabdingbare Voraussetzung für das Gelingen von Coaching ist die Bereitschaft des Coachees, neue Ziele zu entwickeln, sein Verhalten zu verändern oder Fähigkeiten hinzuzugewinnen. Seine Veränderungsbereitschaft kann sich auf fachliches Lernen zum Beispiel eines Computerprogramms oder soziale Kompetenz wie Gesprächsführung oder Teamverhalten beziehen. Der Coachee mit seinen individuellen Bedürfnissen bestimmt – in Absprache mit der Führungskraft – Thema, Umfang und Dauer des Coachings.

Wie jeder Mensch befindet sich auch der Coachee wechselnd in unterschiedlichen Rollen. Ist er in ein Projekt eingebunden, das mit zahlreichen Überstunden in einer Nacht- und Nebelaktion abgeschlossen werden soll, kann seine Rolle als Ehemann,

Vater oder Sportler betroffen sein. Er möchte die Situation mit seiner Frau besprechen und auch unter der Woche seine Kinder vor dem Zubettgehen noch sehen. Und er möchte weiterhin regelmäßig joggen.

Je nach Situation kann der Coachee auch Rollen einnehmen, die mit seiner jetzigen Situation nichts zu tun haben. Sieht er in Ihnen als Führungskraft den Übervater, kann er in die Rolle des bedürftigen Kindes geraten. Als solches könnte er eine innere Abhängigkeit von Ihrer Zustimmung entwickeln und Ihnen gegenüber keine eigene Meinung vertreten. Oder er könnte eine kindliche Trotzhaltung einnehmen und wäre als erwachsener Mitarbeiter fachlich und persönlich schwer erreichbar.

Die unterschiedlichen Rollen des Coachees haben Einfluss auf Interessen, Einsatzbereitschaft, Eigenverantwortung und Motivation des Coachees. Achtet eine Führungskraft darauf, wird sie den Mitarbeiter in seiner Situation besser verstehen und ihn zu mehr Erfolg führen können.

Beziehung zwischen Coach und Coachee

Die Beziehung zwischen Coach und Coachee kann sehr unterschiedlich sein. Offenheit oder Verschlossenheit, Vertrauen oder Angst, Engagement oder Interesselosigkeit auf Seiten des Coachees sind entscheidend.

Typische Beziehungen

Die Beziehung zwischen Coach und Coachee und das Engagement des Coachees zum Coaching kann nach dem Modell von Steve de Shazer und Gunther Schmidt überprüft werden. Eine solche Einordnung ist als Momentaufnahme anzusehen.

Abbildung 5: Gleiche Augenhöhe zwischen Coach und Coachee

Besucher-Beziehung

Der Besucher ist nicht wirklich involviert und ist am Geschehen relativ unbeteiligt. Er empfindet keinen Veränderungsbedarf, sondern ihm erscheint alles als insgesamt ganz in Ordnung. Der Coachee äußert vielleicht ein paar Beschwerden, Coach und Coachee sind jedoch nicht in der Lage, ein Thema zu finden oder ein konkretes Ziel zu entwickeln.

Bei einer Besucher-Beziehung kann es sein, dass Sie und/oder Kollegen einen Veränderungsbedarf sehen, nicht jedoch der Betreffende selbst. Er hat vielleicht sogar das Gefühl, es werden ihm Probleme zugewiesen, die er nicht wirklich hat. In einer solchen Situation ist es müßig, den Mitarbeiter davon zu überzeugen, dass es etwas zu verändern gibt. Besteht kein akuter Handlungsbedarf, ist es langfristig effektiver, ihn in seinem Tun und Denken zu bestärken und das wertzuschätzen, was er richtig macht. Erkennen Sie gegebenenfalls auch an, dass er ein schwieriges Leben führt und eine schwere Zeit hat. Zeigen Sie Verständnis für seine Probleme und vereinbaren Sie mit ihm einen neuen Termin, auch wenn er nicht zugibt, ein Problem zu haben.

Kunden-Beziehung
Eine Kunden-Beziehung liegt vor, wenn der Coachee im Coach den Lieferanten für seine Lösungen sieht. Er bestellt und der Coach soll liefern. Oft können hier am Ende einer Sitzung Coach und Coachee zwar eine Klage formulieren, die in Richtung Ziel hindeutet, jedoch kann kein klares Ziel formuliert werden.

Geben Sie dem Coachee – so wie Sie es bei dem Besucher tun würden – zunächst viel positives Feedback über das, was er richtig macht. Sie können mit ihm herausarbeiten, welches Verhalten hilfreich sein könnte oder probeweise einmal verändert wird und ihn ermutigen, die Konsequenzen der Veränderung zu beobachten.

Co-Berater-Beziehung
Der Co-Berater fühlt sich als Experte und bietet Lösungen an. Versuchen Sie nicht ihm zu verdeutlichen, dass er selbst Teil des Problems ist oder Sie die kompetentere Person sind. Sie kommen eher ans Ziel, wenn Sie durch seine Schilderungen herausbekommen, welche (erfolglosen) Problemlösungsversuche er bereits hinter sich hat. Denn der Co-Berater hat meist schon mehrmals versucht, die Probleme auszuräumen. Sie können dann mit ihm neue Lösungen ausarbeiten und abwägen, ob sie größere Aussichten auf Erfolg haben. Je nach Einzelfall können Sie dazu übergehen, gemeinsam mit ihm zu überlegen, ob die Co-Beraterrolle zweckdienlich ist und fortgesetzt oder einvernehmlich beendet werden soll.

Klage-Beziehung
Der Coachee beobachtet sehr genau und beklagt sich über seine Situation, seine Mitmenschen und das gesamte Leben. Er sieht sich typischerweise als Opfer und erwartet Lösungen von anderen. Die wird er auch von Ihnen als seinem Coach und Vorgesetzten verlangen. Sie sollen seine Probleme lösen, damit sich seine Situation verbessert. Dieses Ziel seiner ersten Priorität werden Sie nicht liefern können und wollen. Entwickeln Sie – ohne zu werten – eine Lösung seiner zweiten Priorität und verstärken Sie jeden Ansatz von ihm, aus der Opferrolle auszusteigen, bis der Coachee seine Situation eigenständig gestalten kann.

> **Tipp**
>
> Da im Verhalten des Coachees Mischformen üblich sind und die Schwerpunkte sich verschieben können, sollten Sie zunächst alle Beziehungsformen akzeptieren und keine starre Zuordnung vornehmen.

Vertrauen versus Angst

Vertrauen ist die Grundlage jeden Coachings. Ohne eine solide Vertrauensbasis wird Ihr Mitarbeiter Ihnen keine vertraulichen Informationen mitteilen und keine Schwachpunkte oder Misserfolge mit Ihnen besprechen.

Das Entgegenbringen von echtem Vertrauen lässt sich nicht anweisen. Die Praxis zeigt, dass Mitarbeiter oft nur aus Angst vor Nachteilen einem Coaching zustimmen. Laut wissenschaftlicher Studien (Institut für Demoskopie, Krankenkassen, Wirtschaftsministerium) haben 80 Prozent der Mitarbeiter Angst vor ihrem Chef. In einer solchen Ausgangssituation wird der Mitarbeiter nichts Wesentliches von sich offenbaren. Dann ist von einem Coaching abzusehen.

Hat der Mitarbeiter Ihnen als Vorgesetzten ohne Coachingfunktion bisher ein hohes Maß an Vertrauen entgegen gebracht, haben Sie eine günstige Ausgangsposition für eine vertrauensvolle Coachingbeziehung.

Möchten Sie als Führungskraft das Vertrauen Ihres Mitarbeiters gewinnen, sind folgende Aspekte wichtig:

- Sie behandeln ihre Mitarbeiter fair und gerecht, unabhängig von Sympathie oder Antipathie, zum Beispiel bei der Aufgabenverteilung im Team.

- Sie informieren Ihre Mitarbeiter regelmäßig über die Dinge, die für ihren Zuständigkeitsbereich wichtig sind.

- Ziele und Aufgabenstellungen der Abteilung, des Teams oder des Einzelnen sind transparent. Veränderungen werden umgehend mitgeteilt.

- In persönlichen Feedback- und Kritikgesprächen lassen Sie Ihre Mitarbeiter wissen, wie Sie sie sachlich und persönlich einschätzen. Zukunftsperspektiven sowie Fortbildungs- und Coachingmöglichkeiten werden besprochen.

- Der Mitarbeiter weiß, wozu seine Arbeit nützlich ist, sie macht für ihn auch im Gesamtgefüge des Unternehmens Sinn.

- Jeder Mitarbeiter fühlt sich als Teammitglied unter den anderen vom Vorgesetzten gesehen und wertgeschätzt.

- Sie halten regelmäßig Einzel- und/oder Teambesprechungen ab. Zu den Besprechungen wird nicht willkürlich, sondern aufgabenbezogen geladen.

- Sie haben ein offenes Ohr für Ihre Mitarbeiter, einschließlich positiver und negativer Kritik an Ihrer eigenen Person.

> „Man kennt nur die Dinge, die man zähmt", sagte der Fuchs. „Die Menschen haben keine Zeit mehr, irgend etwas kennenzulernen. Sie kaufen sich alles fertig in den Geschäften. Aber da es keine Kaufläden für Freunde gibt, haben die Leute keine Freunde mehr. Wenn du einen Freund willst, so zähme mich!"
>
> „Was muss ich da tun?" fragte der kleine Prinz.
>
> „Du musst sehr geduldig sein", antwortete der Fuchs. „Du setzt dich zuerst ein wenig abseits von mir ins Gras. Ich werde dich so verstohlen, so aus dem Augenwinkel anschauen, und du wirst nichts sagen. Die Sprache ist die Quelle der Missverständnisse. Aber jeden Tag wirst du dich ein bisschen näher setzen können ..."
>
> Am nächsten Morgen kam der kleine Prinz zurück.
>
> „Es wäre besser gewesen, du wärst zur selben Stunde wiedergekommen", sagte der Fuchs. „Wenn du zum Beispiel um vier Uhr nachmittags kommst, kann ich um drei Uhr anfangen, glücklich zu sein. Je mehr die Zeit vergeht, umso glücklicher werde ich mich fühlen. Um vier Uhr werde ich mich schon aufregen und beunruhigen; ich werde erfahren, wie teuer das Glück ist. Wenn du aber irgendwann kommst, kann ich nie wissen, wann mein Herz da sein soll ..."
>
> Aus *Der kleine Prinz* von Antoine de Saint-Exupéry

- Sie geben Launen und Stimmungen oder Druck von oben oder von Kunden nicht ungefiltert an Ihre Mitarbeiter weiter.

- Sie schmücken sich nicht mit den Federn Ihrer Mitarbeiter, sondern gestehen ihnen ihre Erfolge auch über die Abteilung hinaus zu.

- Sie fallen Ihren Mitarbeitern nicht in den Rücken.

- Sie halten Ihren Mitarbeitern von Bürokratismus den Rücken möglichst frei, damit sie ihren Kernaufgaben nachgehen können.

- Sie sind entscheidungsfreudig und stehen zu den Entscheidungen – ohne starr daran festzuhalten.

- Sie klatschen und tratschen nicht über andere. Vertrauliche Informationen behalten Sie ausnahmslos für sich.

> **Tipp**
>
> Machen Sie sich hinsichtlich der Frage des Vertrauens nichts vor.
>
> Sind Sie sich sicher, dass Sie zu den Ausnahmen gehören und Ihre Mitarbeiter keine Angst vor Ihnen haben, sondern Ihnen vertrauen?
>
> Falls nicht, arbeiten Sie zunächst am Aufbau einer Vertrauensbasis.

Erweisen Sie sich als würdevoller Vertrauenspartner, wird das Vertrauen des Mitarbeiters zu Ihnen durch gutes Coaching wachsen.

Verschwiegenheit des Coaches

Einen besonderen Stellenwert für das Vertrauen des Coachees hat die Verschwiegenheit des Coaches. Auch wenn diese juristisch nicht geregelt ist wie die ärztliche oder anwaltliche Schweigepflicht, sollte der Coach sich selbst zugunsten des Coachees einer absoluten Verschwiegenheit unterwerfen. Das heißt, es dürfen aus dem Coaching weder an Kollegen, den eigenen Vorgesetzten des Coachs noch an die Personalabteilung oder andere Mitarbeiter Informationen weitergegeben werden, die dafür nicht bestimmt sind.

In der Theorie ist das leicht gesagt, doch in der Praxis nicht immer einfach. Was macht ein Vorgesetzter, wenn er im Coaching erfährt, dass sich der Mitarbeiter bei der Konkurrenz nach einem anderen Job umschaut oder sich seinen Aufgaben nicht gewachsen fühlt? Für den coachenden Vorgesetzten kann es schwer sein, dies nicht in die Beurteilung des Mitarbeiters einfließen zu lassen. Er kann auch versucht sein, diese vertraulichen Informationen bei der Entscheidung über eine Beförderung oder eine Gehaltserhöhung mit einfließen zu lassen oder an andere Entscheidungsträger weiterzuleiten. Die Entscheidung, die hier gegebenenfalls zu fällen ist, **muss** immer zugunsten der Schweigepflicht ausfallen.

Auch der externe Coach kann hinsichtlich der Verschwiegenheit in Interessenskonflikte geraten. Das Interesse des Auftraggebers an einer Berichterstattung über das Coaching kann der Verschwiegenheitsverpflichtung entgegenstehen. Erklärt sich der Coachee nicht damit einverstanden, darf der Coach Fragen des Auftraggebers nach dem Erfolg des Coachings sowie dem Potenzial des Coachees nicht beantworten. Kommt er den Erwartungen des Auftraggebers nach, würde er das Vertrauen des Coachees verlieren. Ein verantwortungsvoller Coach wird sich immer für die Verschwiegenheit gegenüber dem Coachee entscheiden.

Abbildung 6 von Jakob Werth: Absolute Verschwiegenheit des Coaches

4. Psychologische Grundlagen

Auch wenn sich Professionalität oft gerade darin ausdrückt, dass ein Mitarbeiter von eigenen Befindlichkeiten absieht und sich nach den gestellten Aufgaben richtet, wird eine realistische Führungskraft bei der Aufgabenverteilung so weit wie möglich die Stärken und Potenziale ihrer Mitarbeiter berücksichtigen. Je besser die Führungskraft sie kennt, desto eher ist sie dazu in der Lage. Die im Folgenden dargestellten psychologischen Grundlagen und Modelle können dabei wichtige Anregungen geben. Gegenüber dem Mitarbeiter können sie im Coaching transparent gemacht werden. Das erhöht sein Verständnis für sich und andere, drückt Respekt und Wertschätzung aus und fördert das Vertrauen. Zu beachten ist, dass solche Modelle nicht der Realität entsprechen und sich die betreffende Person in anderen Situationen völlig anders verhalten kann.

Persönlichkeitsmodell von Riemann

Große praktische Bedeutung und eine starke Verbreitung hat das Persönlichkeitsmodell von Fritz Riemann gefunden, das von Christoph Thomann und Friedemann Schulz von Thun weiterentwickelt wurde. Es geht davon aus, dass die Kategorien Nähe-Distanz und Wechsel-Dauer Polaritäten darstellen, die in jedem Menschen unterschiedlich stark ausgeprägt sind. Für eine sinnvolle Aufgabenverteilung lohnt es sich, die daraus folgenden Bedürfnisse und Stärken der Mitarbeiter zu kennen und zu berücksichtigen.

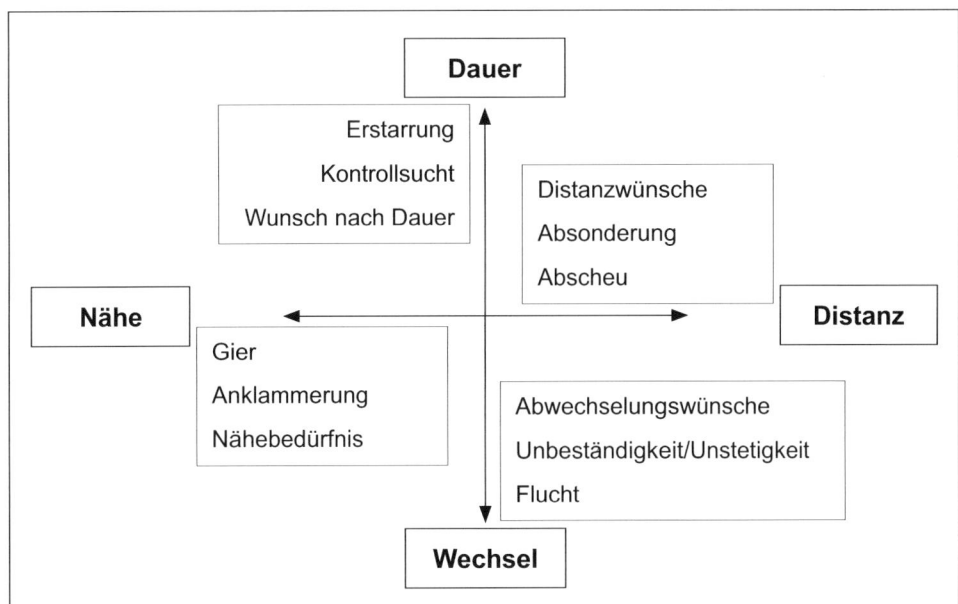

Abbildung 7: angelehnt an das Persönlichkeitsmodell von Fritz Riemann sowie Christoph Thomann und Friedemann Schulz von Thun

Abbildung 8: Einzelarbeit – ein Greuel für den Nähetypen

Menschen mit dem Bedürfnis nach **Nähe** brauchen andere Menschen um sich, denen sie vertrauen. Sie möchten lieben und geliebt werden. Im Vordergrund stehen bei ihnen Verständnis, Intimität, enge Bindung mit Verbindlichkeitsanspruch, Geborgenheit, Bestätigung auf menschlicher Ebene, Zärtlichkeit und Harmonie. In der von ihnen selbst oder anderen als negativ empfundenen Ausprägung sind sie anklammernd und klebrig. Sie können sich emotional abhängig fühlen. Das Bemühen, Nähe und Vertrautheit zu erreichen, kann bis zur Selbstaufgabe führen.

> **Tipp**
>
> Sie gewinnen Kontakt zu **Nähe**-Menschen, indem Sie sie persönlich anerkennen und auf der Gefühlsebene verstehen. Weisen Sie dieser Person – wenn es die Situation erlaubt – Aufgabenbereiche mit viel Kontakt zu anderen Menschen zu. Sie wird glücklich und leistungsfähig sein.

Menschen mit der Tendenz zu **Distanz** suchen Abgrenzung zu anderen und betonen ihre Andersartigkeit. Sie legen wert auf Eigenständigkeit, Autonomie und Freiheit. Sie wirken auf andere oft kühl und distanziert, haben eine Tendenz zur Ironie und versuchen die Welt mit ihrem Intellekt zu erfassen. Sie kommunizieren auf der sachlichen Ebene. Sie arbeiten gern allein. Wenn überhaupt sind sie nur gute Teamplayer, wenn sie ausreichende Rückzugsmöglichkeiten haben. Besprechungen sind für sie Zeitverschwendung, über Psychokram reden sie nicht gern. Gespräche über das Team oder Beziehungen landen bei ihnen auf unfruchtbarem Boden. In der negativen Ausprägung können sie sich absondern oder sogar vor anderen Menschen die Flucht ergreifen. Sie stoßen andere durch ihr Bedürfnis nach Distanz oft vor den Kopf, ohne es zu merken oder dies etwa zu beabsichtigen.

> **Tipp**
>
> Respektieren Sie das Bedürfnis der **Distanz**-Menschen nach Distanz und Unabhängigkeit, einschließlich dem nach größerer räumlicher Distanz. Stellen Sie Kontakt zu ihnen her, indem Sie mit ihnen über sachliche Themen sprechen wie Aufgaben, Ergebnisse und Zahlen. Binden Sie sie möglichst nicht zu stark in die Teamarbeit ein. Sie können ihnen getrost Aufgaben geben, an denen sie längere Zeit allein arbeiten müssen.

Menschen, die zu **Dauerhaftigkeit** tendieren, brauchen Sicherheit, Kontinuität und Tradition. Pflicht, Verantwortung und Treue motivieren sie. Systeme, Gesetze und Planung sind für sie notwendig. Sie können sich insbesondere für langfristige Projekte einsetzen. In der negativen Ausprägung können sie in ihren Gewohnheiten erstarren und versuchen, ihre Umwelt entsprechend zu kontrollieren oder sogar zu tyrannisieren. Sie können sich widerspruchslos Ordnung, Regeln und Gesetzen unterwerfen und verlangen das auch von anderen. Sie denken und arbeiten gründlich. Das kann zu Weitschweifigkeit führen.

> **Tipp**
>
> Mit **Dauer**-Typen kommen Sie am besten in Kontakt, wenn Sie an Bekanntes und Dauerhaftes anknüpfen. Hören Sie ihnen auch bei gründlichen, manchmal chronologischen Erklärungen geduldig zu. Diese Menschen können Sie mit langfristigen Projekten betrauen und darauf vertrauen, dass sie Interesse an einer langfristigen Zugehörigkeit zum Unternehmen haben.

Menschen mit einem **Wechselverhalten** brauchen Veränderung, um auf Dauer motiviert und engagiert zu bleiben. Innovatives begeistert sie. Das macht sie kreativ und lebendig. Gerade für ein intensives und kurzfristiges Projekt oder für Krisenmanagement können sie die geeignete Person sein. Denn wenn schnell viel geändert werden muss, laufen sie zur Hochform auf. In der negativen Ausprägung kann es sein, dass sie sich bei langfristigen Aufgaben langweilen und ihnen der Atem ausgeht. In Gesprächen wechseln sie oft von Thema zu Thema.

> **Tipp**
>
> Geben Sie **Wechsel**-Typen – wenn möglich – immer wieder neue Herausforderungen und abwechslungsreiche Aufgaben. Sie halten sie damit bei Laune und in Hochform. Wechseln Sie im Gespräch mit ihnen nach kurzer Zeit immer wieder das Thema. Berichten Sie ihnen von Neuerungen und Innovationen. Sie werden interessiert zuhören und kreative Ideen beisteuern.

Bedürfnisse und die Zuordnung zu der ein oder anderen Tendenz verändern sich im Laufe des Lebens und sind je nach Situation und Gegenüber unterschiedlich. Das bedeutet, ein Mensch, der in dem einen Team oder zu einem Kollegen Nähe möchte, sucht vielleicht im nächsten Team oder gegenüber einem anderen Kollegen mehr Distanz.

Die Bedürfnisse der Mitarbeiter zu erkennen, steht auf einem Blatt, wie weit ein Unternehmen ihnen in der Realität gerecht werden kann, auf einem anderen. Mangelt es zum Beispiel an Räumen, bleibt einer Führungskraft nichts anderes übrig, als einen Distanz-Menschen mit vier anderen Mitarbeitern in einen Raum zu setzen. Oder ein Mitarbeiter mit einem starken Bedürfnis nach Wechsel wird – je nach Aufgabenstellung und Verfügbarkeit von Personal – auch einmal längere Zeit an ein und derselben Sache sitzen müssen.

MBTI – Myers-Briggs-Typenindikator (MBTI®)

Anstatt vieler anderer Persönlichkeitsmodelle wie DISG®-Modell (dominant, initiativ, stetig, gewissenhaft), H.D.I.® (Herrmann-Dominanz-Instrument), INSIGHTS Discovery®, dem Enneagramm, dem Struktogramm und anderen wurde die Darstellung des Myers-Briggs-Typenindikators, kurz MBTI®, gewählt.

Auf der Basis der Typologie von Carl Gustav Jung, *Psychologische Typen,* entwickelten Myers und Briggs einen Fragebogen, der bestimmte Muster und Züge menschlichen Grundverhaltens verständlich und transparent macht. Der Test und seine Auswertung haben sich weltweit zu einem häufig eingesetzten Instrument zur Persönlichkeitsanalyse entwickelt, da charakteristische Korrelationen zwischen MBTI-Typus und beruflicher Eignung festgestellt wurden. Das Modell geht von vier Polaritäten aus:

■ **Introversion bis Extraversion – Introvertiertheit bis Extrovertiertheit (I bis E)**

Diese Unterscheidung ist sehr geläufig und beschreibt, auf was Menschen ihre Aufmerksamkeit fokussieren. Ein extrovertierter oder außenorientierter Mensch ist kontaktfreudiger und handlungsbereiter. Ein introvertierter oder innenorientierter Mensch ist konzentrierter und intensiver. Idealtypisch hat der eine Tendenz zu Weite (E), der andere zu Tiefe (I).

■ **Intuition bis Sensing – Intuition bis Spüren (N bis S)**

Diese Kategorie erfasst, wie Menschen Sinneseindrücke verarbeiten. Der sensorische Geist ist fokussiert auf die unmittelbaren Eindrücke, die er wahrnimmt. Er ist detailorientiert und exakt im Wahrnehmen, Verarbeiten und Wiedergeben von Geschehnissen. Der intuitive Mensch verlässt sich auf sein Bauchgefühl und seinen sechsten Sinn. Er achtet mehr auf das Ganze als auf Details, zieht Verbindungen und erfasst Zusammenhänge und Lösungsmöglichkeiten.

■ **Feeling bis Thinking – Fühlen bis Denken (F bis T)**

Dies kennzeichnet die Art und Weise, wie Entscheidungen getroffen werden. Der Denker (T) versucht, die gegebenen Informationen rational und objektiv zu betrachten. Er wägt Vor- und Nachteile ab und gelangt mittels Logik zu einer Entscheidung. Der Fühlende (F) entscheidet nach Gefühl und orientiert sich vorwiegend an Werten, Idealen und zwischenmenschlichen Aspekten.

> *Es ist schwieriger eine vorgefasste Meinung zu zertrümmern als ein Atom.*
> Albert Einstein

■ **Judging bis Perceiving – Urteilen bis Wahrnehmen und Empfangen (J bis P)**

Hiermit wird beschrieben, wie Menschen mit der äußeren Welt umgehen. Die empfangenden Menschen sind offen für neue Eindrücke und bereit, Entscheidungen und

Pläne auf Grund neuer Informationen zu überdenken (P). Solche Menschen handeln spontan und passen sich flexibel neuen Situationen an. Der Urteilende (J) entscheidet, bevor ihm alle Informationen vorliegen. Er hält trotz schlagkräftiger Bedenken oder widriger Umstände an Entscheidungen fest. Er handelt systematisch und planmäßig und neigt zu Dominanz und Kontrolle. Er zeigt Konstanz und Disziplin.

Die genannten Charakteristika treten in der Regel in Mischformen und kombiniert mit anderen auf. Die sich daraus ergebenden 16 Kombinationsmöglichkeiten verwirklichen sich in unterschiedlichen Situationen und zu unterschiedlichen Zeiten.

> **Tipp**
>
> Setzen Sie an den Empfang Ihres Unternehmens keine introvertierte Person, sondern eine Kontaktfreudige.
> Möchten Sie eine Veränderung in der Abteilung durchsetzen, betonen Sie bei einer J-Person alles, was gleich bleibt. Eine P-Person wird auch für die Neuerungen offen sein.
> Erklären Sie Rationalisierungsmaßnahmen einer T-Person mit Zahlen und Statistiken und einer F-Person mit Gesamtüberlegungen und stellen Sie mitarbeiterfreundliche Maßnahmen des Unternehmens auf der Beziehungsebene heraus.
> Beachten Sie die unterschiedlichen Typen auch beim Zuhören. Ein (idealtypischer) N-Typ wird nach einem Kundengespräch detailgetreu den Ablauf wiedergeben, der S-Typ das Ergebnis zusammenfassen.

Gefühle und ihre Bedeutung

Gefühle und zwischenmenschliche Beziehungen werden in ihrer Bedeutung für Kommunikation von den meisten Menschen unterschätzt. Je nach Studie wird sie mit etwa neunzig Prozent angegeben und die der Sach- und Informationsebene mit etwa zehn Prozent. Diese Relation symbolisierte schon Sigmund Freud mit einem Eisberg (siehe Abbildung 9 auf Seite 34).

Das, was in der Kommunikation offensichtlich ist, die Sachebene mit Fakten, Zielen und ausgedrückten Botschaften, befindet sich als Spitze des Eisbergs oberhalb des Wasserspiegels. Die Bereiche der Kommunikation, die auf Werten, Glaubenssätzen, früheren Erfahrungen, Verletzungen und Traumata oder auch unausgesprochenen Regeln in Gruppen basieren, schlummern nach diesem Modell unter der Wasseroberfläche. Sie sind oft nicht bewusst.

Wissenschaftliche Untersuchungen des *ewf – Industriekreis Engineering Workflow* ergaben, dass der Erfolg bei High-Tech-Projekten zu achtzig Prozent von den Menschen und einer guten Organisation und nur zu zwanzig Prozent von der Technik abhängt.

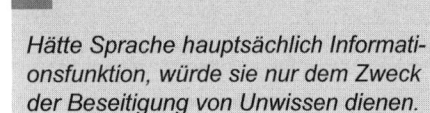

Hätte Sprache hauptsächlich Informationsfunktion, würde sie nur dem Zweck der Beseitigung von Unwissen dienen.
Ruppert Lay

34 | Psychologische Grundlagen

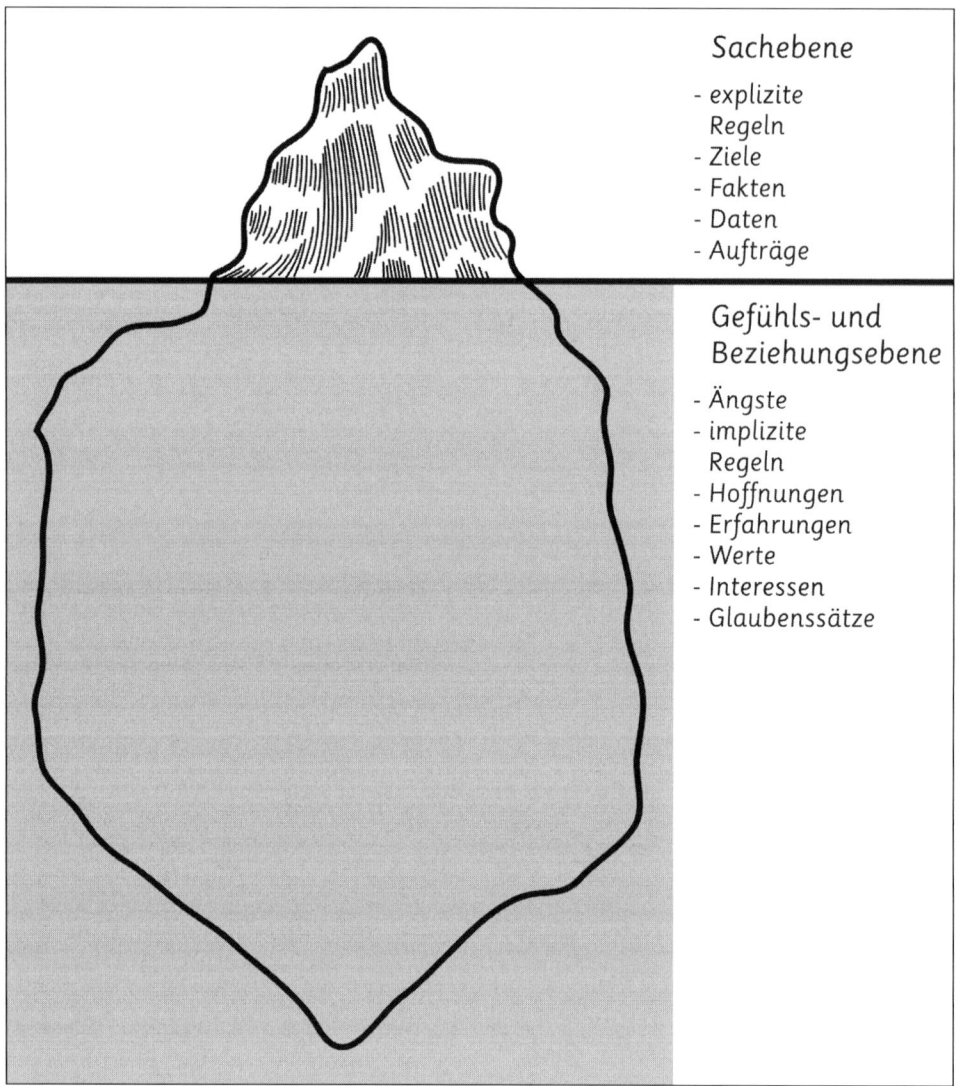

Abbildung 9 von Jakob Werth: Eisbergmodell nach Sigmund Freud

Trotz solcher Studien wird Gefühlen und den Beziehungsaspekten nicht die angemessene Bedeutung gegeben. Im Gegenteil, Gefühle sind im Berufsalltag meist verpönt, Emotionalität wird häufig negativ bewertet. Sachlichkeit und Objektivität stehen wesentlich höher im Kurs. Kommen bei Gesprächen Emotionen ins Spiel, lässt die Aufforderung „Nun bleiben Sie doch mal sachlich" meist nicht lange auf sich warten. Doch bei der oben genannten Bedeutung von Gefühlen für die Kommunikation wird dies zumindest auf Dauer ein vergeblicher Appell bleiben.

Anders als üblich, ist es sogar ratsam, einer Person gerade dann Aufmerksamkeit zu schenken, wenn sie emotional ist. Denn wissenschaftliche Untersuchungen über die Glaubwürdigkeit von Zeugen haben ergeben, dass eine emotionale Beteiligung des Erzählers oft ein Indiz für die Wahrhaftigkeit seiner Aussage ist. Zudem sind Erinnerungen in vielen Fällen mit Gefühlen verknüpft, so dass ein Appell an Sachlichkeit ein Erinnern erschweren kann. Und im Coaching ist die Situation natürlich noch einmal anders: Hier kann es gerade sinnvoll sein, dem Gegenüber einfach einmal den Raum dafür zu geben, sich etwas ungefiltert und frei von der Seele zu reden, ohne Nachteile zu befürchten. Im Berufsalltag kann ein Coaching eine Oase für Gefühle sein.

Menschen sind täglich Situationen ausgesetzt, die Gefühlsreaktionen auslösen: der morgendliche Stau, Parkplatzprobleme, die Bitte um Rückruf eines ständig nervenden Kunden, die Erkrankung eines Mitarbeiters in der heißen Endphase eines Projekts, ein Kollege, der sich mit fremden Federn schmückt, allgemeiner Zeitdruck, Misserfolge, ein von Arbeit überquellender Schreibtisch oder die ungerechte Zuweisung eines Fehlers. Hinzu kommen belastende private Angelegenheiten, unverarbeitete Erlebnisse aus der Vergangenheit, Sorgen, Ängste und Nöte, die im Berufsalltag die Stimmung des Betreffenden beeinflussen.

Es ist in unserer Kultur üblich, von Kindheit an Gefühle immer wieder zu ignorieren, ihnen nicht nachzugehen und sie nicht auszudrücken. Ob dies im Rahmen der Sozialisierung des Einzelnen erforderlich ist, mag dahinstehen. Es geschieht jedoch oft so extrem, dass die betreffenden Menschen den Kontakt zu ihren Gefühlen verlieren und sie nicht benennen können. Die Frage danach, wie sie sich fühlen, handeln sie ab mit „gut" oder „alles in Ordnung". Die Zuordnung von Gefühlen wie Wut, Trauer, Ausgeglichenheit oder Genervtheit, ist ihnen nicht möglich. Solche Menschen verwechseln eventuell Müdigkeit mit Traurigkeit oder Aggressivität mit dem Wunsch, Sport zu treiben.

Auf Grund der Bedeutung und der Auswirkungen von Gefühlen ist es sehr wichtig, als Coach sein Bewusstsein für die eigenen Gefühle zu schärfen und Antennen für die seiner Mitmenschen zu sensibilisieren.

(Siehe auch in Kapitel 4 „Bewusstseinsebenen – Modell von Bodhidharma" und in Kapitel 6 „Kränkung versus Wertschätzung" und „Feedbackregeln".)

> **Tipp**
>
> **Tipp 1:** Sie werden Ihren beruflichen Erfolg steigern, wenn Sie den Gefühlen und der Beziehung zum Gegenüber bei Ihren Gesprächsvorbereitungen und während Ihrer Gespräche einen angemessenen Stellenwert beimessen.
>
> Ermutigen Sie auch Ihre Mitarbeiter dazu und geben Sie ihnen Tipps, wie sie eine angenehme Gesprächsatmosphäre schaffen und die Beziehung zum Gesprächspartner verbessern können.
>
> **Tipp 2:** Sind Sie einmal in einer sehr schlechten Verfassung, teilen Sie dies Ihren Mitarbeitern mit. Mit einem solchen Hinweis beruhigen Sie auch die Mitarbeiter, die Ihre schlechte Laune auf sich beziehen könnten. Ist ein Mitarbeiter oder ein anderer Gesprächspartner in einer besonders guten oder schlechten Stimmung, sprechen Sie ihn direkt darauf an, anstatt nur auf der Sachebene zu kommunizieren.

Bewusstseinsebenen – Modell von Bodhidharma

Nach dem Modell des erfolgreichen Personal Life Coach, W. Bodhidharma wird die menschliche Psyche anhand von Bewusstseinsebenen erklärt. Es veranschaulicht die Bedeutung von Gefühlen einschließlich der leichten Kränkbarkeit von Menschen und geht noch weiter in die Tiefe als andere Modelle. Dem Coach geben sie eine praktische Orientierung für die Tiefe der Thematik. Die im Folgenden dargestellten Ebenen verstehen sich hier nicht als klar voneinander getrennt, sondern als ineinander übergehend:

1. Bewusstseinsstufe: (Scheinbar) gut befindliche Persönlichkeitsebene

Menschen zeigen sich in Begegnungen mit anderen meist im Zustand der guten Befindlichkeit. Auf dieser Ebene haben Höflichkeit und Freundlichkeit ihren Platz. Wie ein Mensch sich auf dieser Ebene gibt, kann mit seinen darunter liegenden Gefühlen und seinem wirklichen Befinden übereinstimmen. Dann ist sein Lachen echt und seine Freundlichkeit Ausdruck der wirklichen inneren Haltung.

Es kann sich jedoch auch um eine leere Fassade handeln, die vor sich selbst und anderen aufrechterhalten wird. Hier ist die Freundlichkeit aufgesetzt, die betreffende Person verbirgt sich hinter einer Fassade. Vielleicht beteuert sie mit einem künstlichen Lächeln, dass alles okay ist. Darunter liegende unangenehme Gefühle werden vermieden, beispielsweise durch übertriebenes Entertainment und eine Überfülle an Fernsehen, Konsum und Mode. Leise Zweifel an der Wahrheit der Fassade werden übertönt: die paar Probleme sind normal, ich brauche mich nicht zu verändern. All dies können Bemühungen sein, sich im Zustand der guten Befindlichkeit zu halten oder ihn wieder zu erreichen, falls er etwa auf Grund eines Misserfolges oder einer Kränkung aus dem Gleichgewicht gekommen ist.

Beispiel 1: Der Mitarbeiter Schacht ist von seiner Frau verlassen worden. Am Tag danach kommt er wie immer pünktlich mit einem – wie er meint – fröhlichen „Guten Morgen" ins Büro und setzt sich an seinen

Psychologische Grundlagen | 37

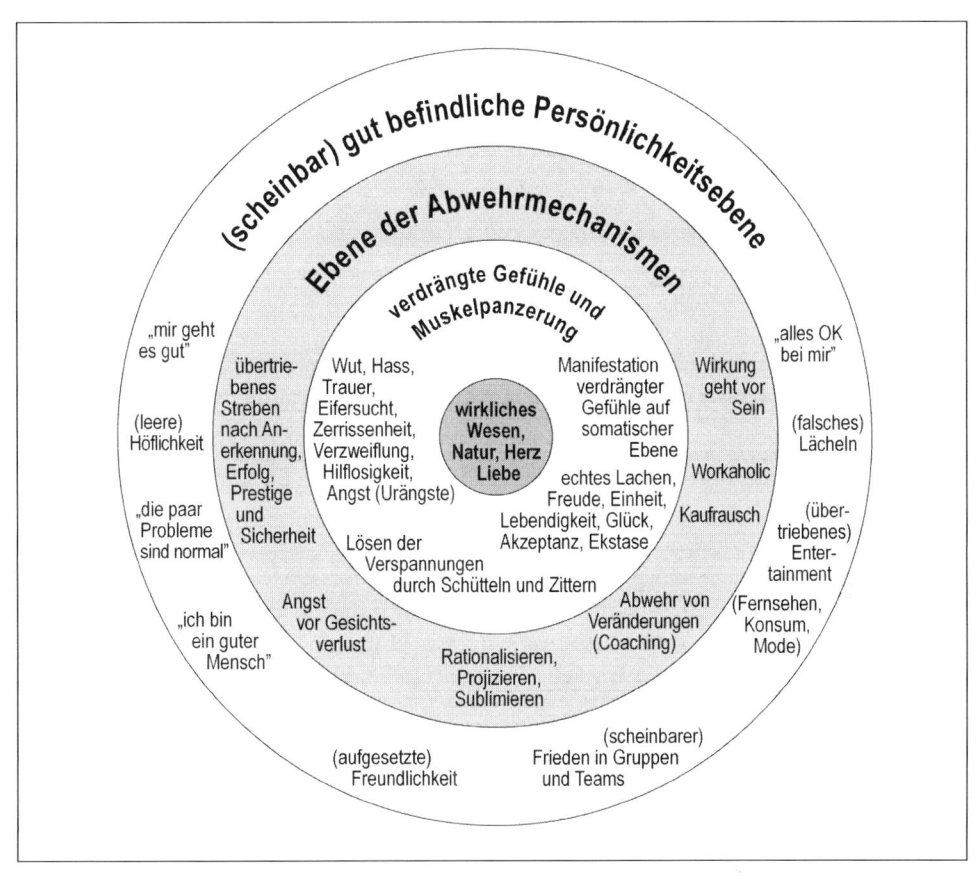

Abbildung 10 von Fiona Vogel: Modell über die Bewusstseinsebenen nach Bodhidharma

Die Ebenen im Modell (von außen nach innen):
- **(scheinbar) gut befindliche Persönlichkeitsebene**: „mir geht es gut", (leere) Höflichkeit, „die paar Probleme sind normal", „ich bin ein guter Mensch", (aufgesetzte) Freundlichkeit, (scheinbarer) Frieden in Gruppen und Teams, (Fernsehen, Konsum, Mode), (übertriebenes) Entertainment, (falsches) Lächeln, „alles OK bei mir"
- **Ebene der Abwehrmechanismen**: übertriebenes Streben nach Anerkennung, Erfolg, Prestige und Sicherheit; Angst vor Gesichtsverlust; Rationalisieren, Projizieren, Sublimieren; Abwehr von Veränderungen (Coaching); Kaufrausch; Workaholic; Wirkung geht vor Sein
- **verdrängte Gefühle und Muskelpanzerung**: Wut, Hass, Trauer, Eifersucht, Zerrissenheit, Verzweiflung, Hilflosigkeit, Angst (Urängste); Lösen der Verspannungen durch Schütteln und Zittern; Manifestation verdrängter Gefühle auf somatischer Ebene; echtes Lachen, Freude, Einheit, Lebendigkeit, Glück, Akzeptanz, Ekstase
- **wirkliches Wesen, Natur, Herz, Liebe**

Schreibtisch. Ein aufmerksamer Kollege hat einen besonderen Unterton in seiner Stimme bemerkt und fragt ihn besorgt: Wie geht es dir?". „Prima, alles okay", ist die prompte Antwort. Der Kollege hakt noch einmal nach, wird aber zurückgewiesen. In der Mittagspause kauft sich Herr Schacht einen zweiten MP3-Player, obwohl er seinen Ersten nie benutzt hat. Von nun an geht er jeden Abend in die Kneipe und zeigt sich dort von seiner besonders witzigen Seite. Ist er ausnahmsweise einmal zu Hause, schaut er bis vier Uhr nachts fernsehen.

Beispiel 2: Der Mitarbeiter Herr Wegner hat einem Kunden ein Angebot mit falschen Zahlen unterbreitet. Der Kunde besteht auf der Aufrechterhaltung des sehr günstigen Angebots. Der Chef macht ihm Vorhaltungen. Herr Wegner schiebt jedoch die Schuld auf den Praktikanten, der ihm die Zahlen so vorgelegt hatte und geht zur Tagesordnung über. Er verschließt seine Augen davor, dass er die Verantwortung übernehmen müsste.

2. Bewusstseinsstufe: Die Ebene der Abwehrmechanismen

Die Ebene der Abwehrmechanismen geht auf die bekannte Psychotherapeutin Anna Freud zurück. Auf dieser Ebene finden alle Anstrengungen statt, die Persönlichkeit vor unliebsamen Gefühlen zu schützen. Tiefenpsychologisch sind die wichtigsten Abwehrmechanismen: Rationalisierung, Projektion und Sublimierung (Ersatz). Hierzu gehören unter anderem – jeweils in übertriebenem Maß – Streben nach Anerkennung, Bestätigung, Prestige und Erfolg, auch um den Preis von Selbstverleugnung, Workaholic, Ellenbogendenken und Kontrollbedürfnis.

*Im **Beispiel 1** versucht Herr Schacht die Trauer über den Verlust seiner Frau zu vermeiden. Er arbeitet immer mehr und entwickelt sich zum Workaholic. Er identifiziert sich vollständig mit seinen Aufgaben und reduziert darauf sein gesamtes Leben (Sublimierung). Er ist der Meinung, dem Kollegen, der so hartnäckig nachfragte, geht es selbst schlecht und er ist neidisch auf ihn (Projektion). Außerdem redet er sich ein, ein Leben als Single sei besser (Rationalisieren).*

*Im **Beispiel 2** kontrolliert Herr Wegner nach diesem Ereignis sich und seine Arbeit mehr und mehr (Sublimierung). Angebote verlassen kaum mehr seinen Schreibtisch.*

Es kostet die Psyche sehr viel Energie, diese Abwehrmechanismen aufrechtzuerhalten. Jede Veränderung kann dies gefährden, auch ein Coaching. Folglich kann es sein, dass der Coachee Veränderungen, die er mit dem Coaching anstrebt, gleichzeitig abwehrt. Die Abwehrmechanismen des Coachees können so stark sein, dass das eigentliche Ziel nicht erreicht wird.

3. Bewusstseinsstufe: Ebene der verdrängten Gefühle und der Muskelpanzerung

Auf dieser Ebene ist nach dem Modell von Bodhidharma alles gespeichert, was ein Mensch seit seiner Kindheit an Gefühlen und Erlebnissen nicht oder nicht ausreichend ausgedrückt hat. Welche Zusammenhänge zwischen Gefühlen und Körper bestehen, wurde unter anderem von Alexander Lowen, Begründer der Bioenergetik und Schüler von Wilhelm Reich, erforscht. Demnach manifestieren sich verdrängte Gefühle körperlich. Die Gesamtheit der dadurch entstehenden somatischen Verspannungen bildet einen Muskelpanzer.

Der Grund für die unter Punkt 2. dargestellten Abwehrmechanismen liegt nach dem Modell von Bodhidharma weniger in der akuten Situation, vielmehr könnte das Fühlen der akut ausgelösten Gefühle dazu führen, dass gleichzeitig verdrängte Gefühle aus der Kindheit aufsteigen. Der betreffenden Person erscheinen diese Schmerzen von damals als so heftig, dass sie glaubt, sie nicht ertragen zu können. Denn mit solchen Gefühlen umzugehen, haben die meisten Menschen nicht gelernt. Im Gegenteil, Erziehung wirkt in der Regel darauf hin, keinen heftigen Gefühlsausdruck zu zeigen. Das führte dazu, dass die Betreffenden diese Gefühle in der Ursprungssituation auch nicht in der gesamten Tiefe fühlten. Deshalb stehen viele Menschen heftigen Gefühlen auch als Erwachsene hilflos gegenüber und reagieren mit Angst, wenn sie damit konfrontiert werden. Somit haben nach diesem Modell Abwehrmechanismen ihre Ursache oft in verdrängten Gefühlen aus der Kindheit und der Hilflosigkeit auch als Erwachsene mit ihnen umzugehen.

Beispiel 1: *Herr Schacht möchte die Trauer um den Verlust seiner Frau nicht fühlen. Sonst würde er gleichzeitig mit noch heftigeren Gefühlen aus der Kindheit konfrontiert. Denn als Kleinkind wurde er von seiner Mutter getrennt und hat den Schmerz darüber nie verwunden.*

Beispiel 2: *Herr Wegner ist nicht in der Lage, sein Versäumnis im Job zuzugeben. Sonst könnten unverarbeitete Versagensängste aus der Kindheit aufsteigen oder schmerzhafte Erinnerungen daran, als Kind vor anderen lächerlich gemacht worden zu sein.*

Es kann passieren, dass die Abwehrmechanismen auf Grund äußerer Ereignissen oder auch spontan nicht mehr vollständig funktionieren. Äußere Ereignisse können Lappalien, Kränkungen oder Traumata aber auch intensive Selbsterfahrung sein. So passiert es in der Praxis immer wieder, dass schon ein ausbleibendes Lob des Chefs das Fass zum Überlaufen bringt. Insbesondere in Situationen von außergewöhnlichem Stress und Überforderung bringen Menschen manchmal nicht mehr die Kraft auf, ihre Abwehrmechanismen aufrechtzuerhalten. Der erlebte Druck ist zu groß und entlädt sich durch ein Ventil. Beispielsweise bricht eine Mitarbeiterin plötzlich in Tränen aus, der Mitarbeiter wirft wütend eine Akte auf den Boden.

Ein Außenstehender bewertet solche Reaktionen möglicherweise als unangemessenes Verhalten. Der Betroffene jedoch empfindet in dem Moment seine Reaktion als situationsadäquat. Er projiziert seine schmerzhaften Erlebnisse in der Kindheit auf die gegenwärtige Situation. Der Zusammenhang zu unverarbeiteten Kindheitserlebnissen bleibt dem Betreffenden und den Außenstehenden meist verborgen.

Abbildung 11: Eine Kränkung kann zu jahrelangem Rückzug führen

Je mehr Gefühle aus der Vergangenheit – mit professioneller Betreuung – gefühlt werden, desto bewusster wird der betroffenen Person, dass es Gefühle aus der Vergangenheit sind. Im Beispiel würden Gefühle der Einsamkeit und des Verlassenseins auftauchen. Je mehr sie gefühlt werden, desto mehr Erinnerungen aus der Kindheit würden aufsteigen, und desto bewusster würde der betreffenden Person der Hintergrund ihres Verhaltens. Möchte eine Person alle ihre verdrängten Gefühle durchleben und sich davon reinigen, würde dies einige Jahre in Anspruch nehmen, da die meisten Menschen seit ihrer Kindheit viele Gefühle verdrängt haben.

4. Bewusstseinsebene: Natürliches Wesen, Kern

Je vollständiger jemand auf der dritten Ebene verdrängte Gefühle und Gedanken verarbeitet und sich hiervon befreit, desto mehr kommt nach diesem tiefgehenden Modell der wirkliche Kern eines Menschen zum Vorschein. Sein volles Potenzial mit sämtlichen Talenten entfaltet sich mehr und mehr. Ein erfolgreicher Coach erkennt die Anlagen des Coachees in seiner individuellen Unterschiedlichkeit, auch wenn es sich noch nicht deutlich zeigt. Ob es sich dabei um natürliche Kommunikationsfähigkeiten, strategisches Denken, eine hohe Auffassungsgabe, Führungsqualitäten oder Einfühlsamkeit in andere Menschen handelt, die Entfaltung der Talente geht immer mit einer Zunahme an Zielstrebigkeit und Durchsetzungsvermögen, Kreativität und Klarheit einher.

Der betreffende Mensch gewinnt noch mehr an Energie und Dynamik, da er weniger Energie braucht, um Gefühle von früher abzuwehren und die äußere Fassade aufrechtzuerhalten. Leistungsfähigkeit, Belastbarkeit und Lebensqualität nehmen zu.

> *Es gibt eine Vollkommenheit tief inmitten allen Unzulänglichen.*
> *Es gibt eine Stille, tief inmitten aller Ratlosigkeit.*
> *Es gibt ein Ziel, tief inmitten aller weltlichen Sorgen und Nöte.*
>
> Gautama Buddha

Coaching zielt nach diesem Modell vorwiegend auf die beiden ersten Ebenen ab. Hier kann die fachliche und persönliche Kompetenz verbessert werden. Erfolgreiche Denk- und Verhaltensmuster werden erlernt. So kann ein Mitarbeiter in seinem Beruf Erfüllung im Sinne von Berufung finden. Das Modell verdeutlicht zudem, mit welchen Konsequenzen jede Führungskraft rechnen muss, wenn sie bewusst oder unbewusst kränkt und wie wichtig ein kränkungsfreier und wertschätzender Umgang mit Mitarbeitern ist (siehe dazu auch Kapitel 6 „Kränkung versus Wertschätzung").

> **Tipp**
>
> Treten heftige Gefühle aus der Kindheit während eines Coachings auf, bleiben Sie ruhig. Stabilisieren und beruhigen Sie den Coachee. Es besteht selten ein Grund zur Aufregung. Denn in der Regel wird der Betreffende bald seine Gefühle durchfühlt und integriert haben und wieder die Kontrolle über sie gewinnen. Ist dies einmal nicht der Fall, sollten Sie professionelle psychotherapeutische Hilfe anregen. Solche Gefühle sind nicht Thema von Coaching.

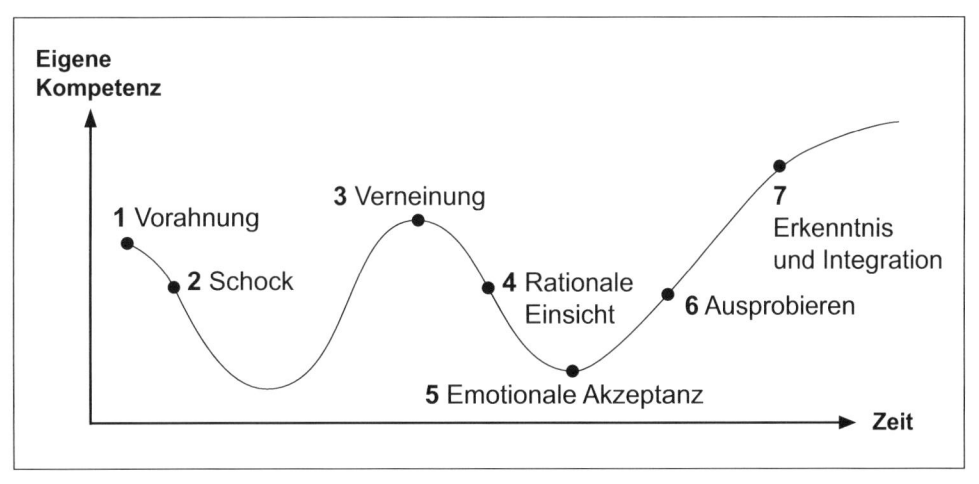

Abbildung 12: Veränderungs- und Entwicklungsprozesse

Veränderungsprozesse

Wird im Coaching eine Verhaltenveränderung beabsichtigt, kann dies nur erfolgreich sein, wenn der Coachee sie wünscht. So individuell die Themen auch sind, so ähnlich ist der Prozess, der bei Veränderungen durchlaufen wird.

> *Ich weiß nicht, ob es besser wird, wenn es anders werden soll, aber es muss anders werden, wenn es besser werden soll.*
>
> Georg Christoph Lichtenberg.

1. Phase: Vorahnung und Sorgen

Die betreffende Person nimmt Anzeichen für Veränderungen wahr. Sie hat vielleicht ein diffuses Gefühl, dass etwas nicht stimmt. Beispielsweise gibt es Gerüchte oder die betreffende Person wurde ein paar Mal vom Informationsfluss ausgegrenzt. Dies löst Vorahnungen und Sorgen aus, ein emotionaler Druck entsteht.

2. Phase: Schock und Verleugnung

Die Änderung ist der betreffenden Person bekannt. Sie will die neue Realität, die sich aufgetan hat, nicht wahrhaben. Lähmung und Verschlossenheit gegenüber sachlichen Argumenten kennzeichnen diesen Zustand.

3. Phase: Wut und Ärger

Die Änderung ruft als Abwehrreaktion heftige Emotionen wie Wut, Ärger, Trauer oder Aggressionen hervor. Diese können sich auch ungerechtfertigterweise gegen andere Personen richten.

4. Phase: Rationale Einsicht

Das Neue ist emotional noch nicht verarbeitet. Jedoch kann die Person auf der Sachebene kommunizieren. Sie ist rational zugänglich für Argumente und Planungen.

5. Phase: Emotionale Akzeptanz

Die Person hat das Neue akzeptiert, sie ist emotional mit den neuen Gegebenheiten versöhnt.

6. Phase: Neues Ausprobieren
Die betreffende Person ist bereit, Neues auszuprobieren und aktiv nach neuen Lösungen zu suchen, ihr Verhalten oder die Umgebung zu verändern. Es wird so lange probiert, bis eine neue Verhaltensweise zum Erfolg führt.

7. Phase: Integration
Die neuen, erfolgreichen Verhaltensweisen werden in das eigene Repertoire aufgenommen. Die eigene Kompetenz hat sich erweitert.

Voraussetzung dafür, dass ein Mensch bereit ist, etwas an sich oder seinem Leben zu verändern, ist seine Motivation. Entweder hat eine Situation einen Grad erreicht, der als zu unangenehm erlebt wird oder ein bevorzugter Zustand ist noch nicht erreicht. Sowie die Motivation ist auch das Tempo, in denen Menschen sich verändern, individuell unterschiedlich.

> *Gott gebe mir die Gelassenheit, Dinge hinzunehmen, die ich nicht ändern kann, den Mut, Dinge zu ändern, die ich ändern kann und die Weisheit, das Eine vom Anderen zu unterscheiden.*
>
> Friedrich Oetinger

5. Der Coachingprozess

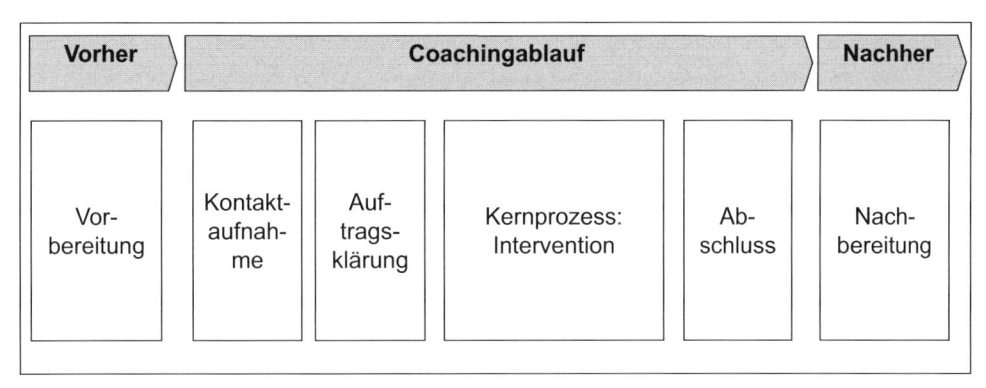

```
| Vorher |    Coachingablauf                                              | Nachher |
| Vor-   | Kontakt-  | Auf-    | Kernprozess:  | Ab-     | Nach-    |
| berei- | aufnah-   | trags-  | Intervention  | schluss | berei-   |
| tung   | me        | klärung |               |         | tung     |
```

Abbildung 13: Die typischen Phasen eines Coachingprozesses

Jede Coachingsitzung und jeder länger andauernde Coachingprozess durchläuft mehrere Phasen (siehe Abbildung 12), in denen wechselnde Aspekte im Vordergrund stehen: Vorbereitung, Kontaktaufnahme, Auftragsklärung, Herausarbeiten des Themas und des Ziels, der Kernprozess mit Interventionen sowie Abschluss und Nachbereitung. Diese unterschiedlichen Phasen zu berücksichtigen ist für den externen Coach zwar wichtiger als für den Internen, weil er ansonsten keine Berührungspunkte mit dem Coachee hat. Doch sollte auch der interne Coach diesen Prozessgedanken im Auge behalten. Für ihn gilt noch mehr als für den externen Coach, dass der Kernprozess die zentrale Rolle spielt.

Vorbereitung

Für das Gelingen eines Coachings sind Vorbereitung des Rahmens, des Inhalts sowie die Reflexion der eigenen Haltung und Strategie des Coaches erforderlich.

Unverzichtbar für das Coachingsetting ist die Ungestörtheit. Niemand darf anklopfen oder den Raum betreten. Das Telefon wird umgestellt. Auch nicht Ihr eigener Chef genießt in diesem Punkt eine Sonderstellung. Denn Ihr Ziel ist es, dass der Mitarbeiter volles Vertrauen zu Ihnen gewinnt, dass er über Dinge sprechen kann, die er sonst nicht so einfach jemandem anvertraut. Ist Ungestörtheit nicht gewährleistet, sollten Sie auf Coaching verzichten.

BITTE NICHT STÖREN!

Ebenso wichtig ist es, dass Sie während des Coachings selbst frei von Verpflichtungen sind und einen freien Kopf für Ihren Mitarbeiter haben.

Möchten Sie den Raum in einer Weise vorbereiten, der einen Kontakt auf gleicher Augenhöhe fördert, ist es günstig, für zwei gleiche Sitzgelegenheit zu sorgen, die in einem Winkel von circa 90 Grad zueinander stehen.

Abbildung 14: Der Coach behält während des gesamten Coachingprozesses den Überblick

Für die inhaltliche und strategische Vorbereitung sowie die Selbstreflexion können folgende Fragen hilfreich sein:

- Welche Themen liegen für den Mitarbeiter an?
- Welches Thema hat Priorität?
- Wo denke ich, besteht für den Mitarbeiter Coachingbedarf?
- Wie ist meine Einstellung zu diesem Thema?
- Fühle ich mich dem Thema und dem Mitarbeiter gewachsen?
- Welches (vorläufige) Ziel habe ich? (zum Beispiel: mehr Engagement in der Kundenakquise)
- Welche Unterlagen brauche ich?
- Welche Gesprächsstrategie wende ich an?
- Was ist die Motivation des Coachees, sich im Zusammenhang mit dem Thema zu verändern?
- Wie lässt sich der Mitarbeiter motivieren?
- Was mache ich, wenn der Coachee die Notwendigkeit, an diesem Thema zu arbeiten, nicht sieht? (Vorüberlegungen zu Einwänden, Alternativthemen)
- Welche Unterstützung wird der Mitarbeiter von mir erwarten?
- Wie kann ich ihn unterstützen?
- Wer im Unternehmen oder außerhalb kann ihn noch unterstützen?
- Auf welche Weise kann dies erfolgen?

Vereinbaren Sie mit Ihrem Mitarbeiter frühzeitig Zeit und Ort für ein Coaching, damit er sich ebenfalls vorbereiten kann. Eventuell können Sie mit ihm schon das Thema für das nächste Gespräch absprechen.

Kontaktaufnahme

Zu Beginn einer Coachingsitzung geht es zunächst darum, einen guten Kontakt zum Mitarbeiter herzustellen. Anders als beim externen Coaching braucht dies beim Mitarbeitercoaching oft nicht viel Zeit, wenn Sie Ihren Mitarbeiter bereits gut kennen. Dann reichen neben einer willkommen heißenden Begrüßung eine Frage nach dem persönlichen oder familiären Wohlbefinden oder ein paar Worte über allgemeine Themen aus. Sie sollten auch seine Vorerfahrungen mit Coaching oder mit Soft-Skill-Seminaren kennen. Fragen Sie auch nach seiner Meinung über diese Themenbereiche. Klären Sie, zu welchem Thema der Mitarbeiter Bedarf für das Coaching sieht und wie Sie ihn aus seiner Sicht dabei unterstützen können.

Schaffen Sie eine entspannte Atmosphäre und sorgen Sie auch mit nonverbalen Signalen für einen Kontakt auf gleicher Augenhöhe. Gehen Sie in Ihrer Körperhaltung, Gestik und Mimik, Stimmlage und Tonalität auf Ihren Mitarbeiter ein, das intensiviert die Vertrauensbasis.

Abbildung 15: Der Kontakt ist gut. Der Gleichklang spiegelt sich hier in der übereinstimmenden Körperhaltung wieder.

Auftragsklärung und Dreiecksverhältnis

Auftragsklärung

Eine der wichtigsten Voraussetzungen für ein erfolgversprechendes Coaching ist die Übereinstimmung der Beteiligten bezüglich Ziel und Sinn des Prozesses. Beim klassischen Coaching sucht der Coachee den Coach auf und bestimmt eindeutig Inhalt und Umfang des Coachings. An seinen Auftrag ist der Coach gebunden. Beim Mitarbeitercoaching kann ebenfalls der Coachee auf den Vorgesetzten zugehen, weil er Unterstützung möchte. Initiator für ein Mitarbeitercoaching kann auch die Führungskraft sein. Sie macht in der Praxis oft auch inhaltliche Vorgaben und steckt Ziele. Coachingthema sollte jedoch immer nur werden, womit die Führungskraft und der Mitarbeiter einverstanden sind.

Wichtig ist, dass der Coach klarstellt, dass er kein Rezept für den Coachee erarbeiten wird, sondern dass er den Coachee darin unterstützt, selbst eine Lösung zu finden. Je nach Erwartungshaltung kann es auch angebracht sein, das Gegenüber darauf hinzuweisen, dass es sich bei Coaching nicht um eine Psychotherapie handelt und dass das Coaching keinen Selbstzweck hat, sondern sich erkennbar im Berufsalltag niederschlagen wird. Eine solche Klarstellung erhöht das selbstverantwortliche Denken des Mitarbeiters und entlastet die Führungskraft von der Erwartung, mundgerechte Lösungen präsentieren zu müssen.

Während eines längeren Coachingprozesses kann eine Auftragsklärung erneut erforderlich werden.

Dreiecksverhältnis

Anders als bei einer Zweierkonstellation Coach – Coachee sind beim Coaching von Mitarbeitern in Unternehmen oft drei Personen beteiligt. Hier ist der Auftraggeber nicht identisch mit dem Coachee, vielmehr kann dies die Personalleitung oder die Geschäftsleitung sein.

Der Coachingprozess

```
                    Auftraggeber
                    ↑
                   ↗ ↖
   ┌──────────┐  ↙    ↘  ┌──────────┐
   │ Auftrag  │          │ Auftrag  │
   │    +     │          │    +     │
   │  Ziele   │          │  Ziele   │
   │    +     │          │    +     │
   │Erwartungen│         │Erwartungen│
   └──────────┘          └──────────┘

   Coach  ←──────────────→  Coachee
 (Führungskraft)          (Mitarbeiter)
```

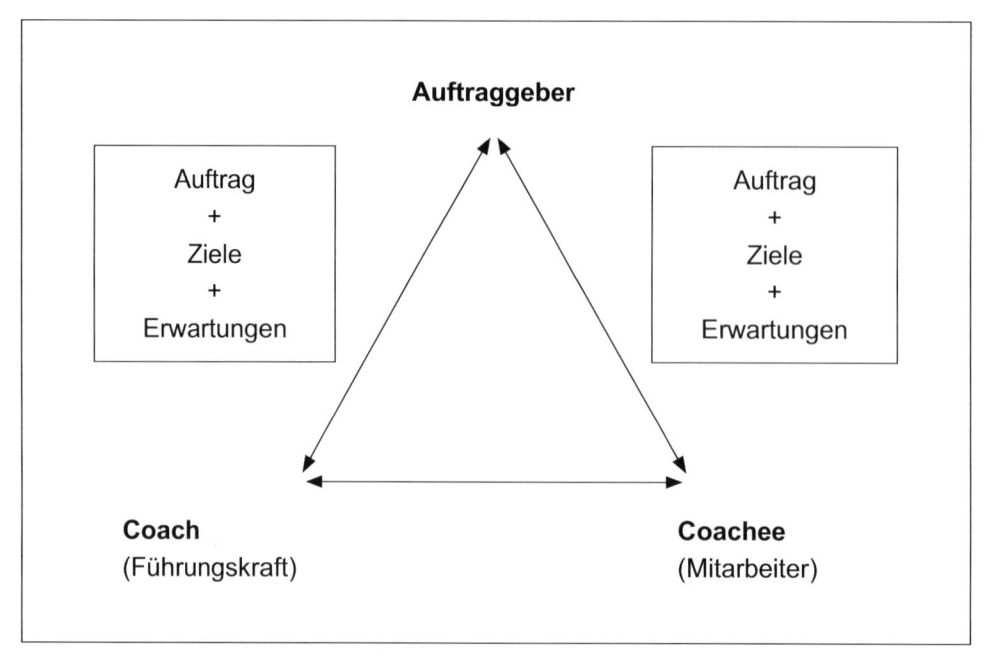

Abbildung 16: Dreiecksverhältnis bei der Auftragserteilung

Mit einer Dreieckskonstellation muss der externe Coach ebenso wie die coachende Führungskraft rechnen. Die Führungskraft kann von ihrem Vorgesetzten oder ihrer Personalabteilung den Auftrag zum Coachen bekommen haben. Dabei können die Ziele und Erwartungen der Beteiligten auseinanderklaffen. Beispielsweise erteilt der Personalleiter dem Coach den Auftrag, den Mitarbeiter zu einer Kündigung zu bewegen, während der Mitarbeiter davon ausgeht, dass seine Fähigkeiten gefördert werden sollen.

Sich widersprechende Aufträge und Erwartungen muss der Coach/die Führungskraft klären. Die folgenden Fragen können dazu beitragen:

- Wo genau liegen die Unterschiede in den Interessen?
- Wo gibt es Übereinstimmungen?
- Sind die Unterschiede überbrückbar?
- Habe ich mich in meiner Haltung schon auf eine Seite geschlagen? Solidarisiere ich mich mit dem Schwächeren und boykottiere die Vorgaben des Stärkeren? Oder umgekehrt?
- Inwieweit spielt mein Interesse an Folgeaufträgen vom Auftraggeber eine Rolle?
- Halte ich es für möglich, dass sich die unterschiedlichen Interessen vereinbaren lassen?

Gelingt es nicht, die Diskrepanzen zu überbrücken, muss von einem Coaching abgesehen werden.

Thema

Der Ruf nach Coaching wird erfahrungsgemäß dann laut, wenn etwas nicht wunschgemäß funktioniert. So verständnisvoll Sie als Führungskraft auch sein mögen, es gibt Themen, die aus juristischen oder ethischen Gründen nicht in ein Mitarbeitercoaching gehören, wie beispielsweise:

- Familienprobleme wie Kindererziehung, Scheidung, Trennung
- Physische Probleme
- Diagnostizierbare psychische Probleme einschließlich jeder Form von Sucht oder Verhaltensweisen, die ihre Ursache in einem psychischen Krankheitsbild haben, wie übertriebenen Ängsten, Phobien, krankhaften Stimmungstiefs oder – höhen usw.
- juristische und steuerliche Themen
- Verschuldung

In den genannten Fällen sollte der Mitarbeitercoach nicht tiefer in die psychologische Erlebniswelt des Mitarbeiters oder in die fachliche Beratung einsteigen. Vielmehr sollte er dem Mitarbeiter empfehlen Spezialisten aufzusuchen, der für Steuer- und Rechtsberatung, Geldprobleme, Psychotherapie usw. zuständig ist.

Im Rahmen der betrieblichen Rücksichtnahme oder der Fürsorgepflicht des Unternehmens kann selbstverständlich bei solchen Krisen eines Mitarbeiters Unterstützung gewährt werden, zum Beispiel vorübergehende Arbeitsentlastung oder im Extremfall vorübergehende Freistellung.

Coachingtabus können sich auch aus der Konstellation zwischen Coach und Coachee ergeben:

- Der Führungskraft fehlt das notwendige Know-how, beispielsweise für einen vollständigen Coachingprozess oder für Konfliktlösung im Team.
- Die Führungskraft ist bei Stress zu ungeduldig oder kann nicht genügend Zeit aufbringen.
- Das Problem des Mitarbeiters ist die Beziehung zum Vorgesetzten.
- Die Führungskraft empfindet Antipathie gegenüber dem Mitarbeiter oder er löst in ihr unangenehme Reaktionen wie Konkurrenzgefühle aus.

Beispiel 1: Herr Fischer arbeitet seinem Vorgesetzten seit Jahren schnell und zuverlässig zu. Er erledigt Routinearbeiten, zu denen dieser nicht kommt und die er nicht mag. Wird Herr Fischer durch ein Coaching befähigt, qualifiziertere Aufgaben zu übernehmen, fiele er als Zuarbeiter aus. Ein Coaching läge dann nicht im Interesse des Vorgesetzten.

Beispiel 2: Die Führungskraft befürchtet, dass ihr ehrgeiziger Mitarbeiter Herr Schmidt an ihm vorbei befördert wird. Ein Coaching könnte aus seiner Sicht die Gefahr erhöhen.

Beispiel 3: Der Mitarbeiter geht dem Vorgesetzten schon auf die Nerven, wenn er ihm nur auf dem Flur begegnet. Er kann ihn einfach nicht leiden.

Abbildung 17: Selbstvertrauen ist ein typisches Coachingthema

Zu den Themen, die sich für ein Mitarbeitercoaching eignen, gehören grundsätzlich solche, die im Zusammenhang mit dem Arbeitskontext stehen und die sich der Coach sachlich und persönlich zutraut.

Typische Themen, die Anlass für ein Mitarbeitercoaching sein können, sind:

- Entwickeln von bestimmten Fähigkeiten, zum Beispiel: Präsentieren vor Gruppen, Gesprächsführung mit Kunden, Führen von Mitarbeitergesprächen
- Teamprobleme, wie ständige Konflikte, uneffektive Zusammenarbeit, Mobbing
- Neue Aufgaben des Mitarbeiters, zum Beispiel auf Grund von Veränderungen im Unternehmen oder der Abteilung
- Überforderung, plötzliches Sinken von Leistung und Motivation eines Mitarbeiters, Zielvereinbarungen werden nicht erreicht
- Selbstvertrauen und Fähigkeiten klaffen auseinander
- Beschwerden von Kunden über den Mitarbeiter
- Chaos in der Arbeitsorganisation
- Mitarbeiter macht plötzlich vermehrt Fehler oder lässt Arbeit liegen
- Übervorsichtige Absicherung eines Mitarbeiters bei Entscheidungen
- Mitarbeiter hat Probleme mit seinen eigenen Mitarbeitern

Das Coachingthema wird häufig durch eine Zielentwicklung konkretisiert. Siehe dazu Kapitel 6. „Zielentwicklung".

Kernprozess: Intervention mit Coachingwerkzeugen

Die Coachingwerkzeuge, die im gesamten Coachingprozess eingesetzt werden und im Kernprozess für weitreichendere Interventionen genutzt werden können, sind sehr umfangreich und vielgestaltig. Deshalb werden sie in Kapitel 6 gesondert dargestellt.

> **Hinweis**
>
> Zu den einzelen Coachingwerkzeugen siehe Kapitel „6. Effektive Coachingwerkzeuge", Seite 51 ff.

Abschluss

Wichtig ist, am Schluss des Gesprächs einen Zeitpunkt festzulegen, bis wann ein Ziel oder ein Zwischenziel erreicht ist. Vereinbaren Sie mit Ihrem Mitarbeiter auch, wann er beginnen wird, sein Vorhaben umzusetzen. Der Beginn sollte innerhalb der nächsten 36 Stunden nach Entschlussfassung liegen, da sonst die Gefahr wächst, dass der Vorsatz im Sande verläuft.

Lassen Sie sich nicht die Chance entgehen, am Ende des Gesprächs die Erkenntnisse Ihres Mitarbeiters zu erfragen, ihn um ein Feedback über das Gespräch zu bitten und ihm Ihr eigenes Feedback zu geben. Dabei sollten von beiden die in Kapitel 6 „Feedbackregeln und Johari-Fenster" dargestellten Feedbackregeln beachtet werden.

Fällt es Ihrem Mitarbeiter nicht leicht, Feedback anzunehmen, kann der Hinweis auf das Johari-Fenster (siehe ebenfalls oben genanntes Kapitel) seine Aufnahmebereitschaft erhöhen.

Vereinbaren Sie situations- und themenangepasst einen Termin für das nächste Zusammenkommen und eventuell weitere zu besprechende Themen.

Nachbereitung

Es ist sinnvoll, sich während einer Coachingsitzung Notizen zu machen und diese später zu vervollständigen. Für die weitere Nachbereitung kann sich der Coach folgende Fragen stellen:

- Welche Ziele von früheren Coachingsitzungen hat der Coachee schon erreicht? Wo hat er Fortschritte gemacht?
- Welchen Nutzen hatte das Coaching für meinen Mitarbeiter, für meine Beziehung zu ihm, für das Team, für die Firma?
- Wo war ich Vorbild für ihn?
- Wo hat er von dieser Coachingsitzung, von meinen fachlichen und menschlichen Erfahrungen profitiert?
- Welche Coachingwerkzeuge habe ich eingesetzt?
- Was war gut, was kann ich das nächste Mal verbessern?
- Welche Vereinbarungen habe ich mit dem Coachee getroffen, welche Aufgaben hat er und welche Ziele sind bis zur nächsten Coachingsitzung zu erreichen?

6. Effektive Coachingwerkzeuge

Professionelle Fragetechniken

Noch bis vor einiger Zeit war es verbreitete Meinung, dass eine fragende Person durch ihre Fragen einen Autoritätsverlust riskierte und als unwissend und inkompetent angesehen wurde. Jedoch gewinnt zunehmend die gegenteilige Auffassung an Gewicht nach dem Motto: Wer fragt führt. Mit Fragen kann ein Gespräch gelenkt werden, Fragen beeinflussen, über was der Gefragte nachdenkt.

Coachingwerkzeuge werden während des gesamten Coachingprozesses eingesetzt. Schon beim Herausarbeiten des Themas stellt der Coach gezielt Fragen. Insbesondere kommen Coachingwerkzeuge jedoch im Kernprozess des Coachings zum Tragen. Die nachfolgend aufgezeigten Coachingwerkzeuge sind überwiegend abgeleitet aus den innovativen und effektiven Methoden des NLP (Neurolinguistisches Programmieren), der lösungsorientierten Kurzzeittherapie, der Gestalttherapie, der Gesprächstherapie, der Verhaltenstherapie und den systemischen Ansätzen.

Sowohl für eine Führungskraft als auch für einen Coach ist die Fähigkeit, professionell effektive Fragen zu stellen, ein Grundpfeiler der Kommunikation. Eine Führungskraft braucht nicht über das gesamte fachliche Know-how ihrer Mitarbeiter zu verfügen. Denn durch eine professionelle Fragetechnik kann sie sich leicht Zugang zu den Informationen und Erfahrungen ihrer Mitarbeiter verschaffen. Das gilt auch hinsichtlich der Überprüfung des Erfolgs und der Zufriedenheit einzelner Mitarbeiter und der Zusammenarbeit im Team.

In der Coachingszene heißt es: Hat jemand nur einen Hammer als Werkzeug, wird jedes Problem zum Nagel. Somit gilt umgekehrt: Je mehr Coachingwerkzeuge Sie zur Verfügung haben, desto mehr Menschen mit ihren unterschiedlichen Themen können Sie im Coaching begleiten.

Im Coaching sind passende und variationsreiche Fragen das A und O. Manche Coachingsitzung lässt sich allein durch Fragen bestreiten. Denn oft weiß der Coachee bereits das Ziel, die Strategie, die Umsetzung, die Art der Nachkontrolle und den richtigen Zeitpunkt. Und mit Fragen kann dem Coachee eine optimale Plattform für die Entwicklung seiner eigenen Ideen und Erkenntnisse bereitet werden.

> *Wer fragt, ist ein Narr für eine Minute.
> Wer nicht fragt, ist ein Narr sein Leben lang.*
>
> Konfuzius

Offene Fragen oder Colombo-Technik
Offene Fragen öffnen den Raum für umfassende Antworten. Sie eignen sich am besten, wenn der Zuhörer noch nicht viel über eine Person, eine Situation oder ein Thema weiß und mehr erfahren möchte. Offene Fragen werden auch W-Fragen genannt und beginnen mit „Wer", „Was", „Wann", „Wie", „Wo", „Welche", „Wieso" usw.

Offene Fragen erlauben Ihnen auch, die Position eines Unwissenden einzunehmen und Genaueres zu erfahren. Im Vergleich zu geschlossenen Fragen ist die Beeinflussung des Gegenübers relativ gering. Denn sie geben die Möglichkeit, Vorannahmen und Ratschläge des Fragenden weitgehend aus dem Gespräch herauszuhalten.

Damit öffnet der Fragende dem Gegenüber den Raum für eine umfassende Antwort und bleibt offen für die Informationen und die Sicht der anderen Person.

Inspektor Colombo, führender Detektiv unter den Fernsehdetektiven, ist hier ein gutes Beispiel. Er gibt sich unwissend und stellt offene Fragen über Geschehnisse, die allen klar zu sein scheinen. Eine Zeitlang später kommt er auf ein Detail zurück und fragt wieder. Die Beteiligten und der Zuschauer halten es für belanglos. Doch genau diese Fragen führen ihn letztlich zur Lösung des Falls. Diese Colombo-Haltung des Nichtwissens kann als Ausgangsbasis für den Coach genau die richtige Haltung sein, aus der heraus er die passenden Fragen stellt, um das subjektive Erleben des Coachees kennenzulernen.

Geschlossene Fragen
Geschlossene Fragen geben streng genommen nur Spielraum für zwei Antworten: Ja oder Nein. Deshalb bieten sie sich an, wenn bereits Kenntnisse über das Thema vorhanden sind. Mit geschlossenen Fragen können Sie beispielsweise ein Thema auf einen Aspekt eingrenzen oder Ihr Verstehen überprüfen:

- Haben Sie den Vertrag abgeschlossen?
- Habe ich Sie richtig verstanden, dass Sie Herrn Schneider bereits darüber aufgeklärt hatten, bevor …

Abbildung 18: Erst träumen, dann realisieren

Auf manche geschlossenen Fragen informieren wir den Fragenden üblicherweise umfassender als mit ja oder nein. Die Frage: *Wissen Sie, wie viel Uhr es ist?* beantworten wir mit der Zeitangabe.

Suggestive Fragen
Mit suggestiven Fragen wird ein Druck auf den Gefragten ausgeübt, dem Fragenden zuzustimmen. Ein Widerspruch ist kaum möglich und würde als Konfrontation empfunden.

- Sie haben doch sicher schon andere Hürden im Leben genommen, oder?
- Was finden Sie besser, wenn wir zuerst die Angelegenheit X besprechen oder das Projekt Y? (Es wird vorausgesetzt, dass beides gemacht wird.)
- Sind Sie auch der Meinung, dass der Kollege X am besten für den Auftrag geeignet ist?
- Macht es Ihnen etwas aus, die wichtigsten Punkte kurz in einem Memo zu protokollieren?

Hypothetische Fragen
Mit hypothetischen Fragen bringen wir jemanden dazu, sich etwas vorzustellen, er geht davon aus, dass er zum Beispiel bereits über bestimmte Eigenschaften und Ressourcen verfügt. Er tut so, als ob sie ihm in einer bestimmten Situation zur Verfügung stehen.

Beispiel:
Ein Mitarbeiter regt sich regelmäßig in Teambesprechungen über einen Kollegen auf. Der Coach fragt ihn, wie er seinen

Kollegen finden würde, wenn er ihn aus der Perspektive eines Helikopters oder in einem Zustand völliger Entspannung wie im Urlaub betrachten würde. Allein diese Vorstellung kann beim nächsten Mal eine Veränderung bewirken.

Schlagwortartig heißt es: *If you can dream it, you can make it.*
So sehr eine solche Haltung beflügeln kann, befreit sie nicht davon, die angestrebten Ziele auf Realisierbarkeit zu überprüfen.

Um die Vorstellung der Ressourcen in der zukünftigen Situation zu konkretisieren, kann der Coach folgende hypothetische Fragen stellen:

- Wie fühlen Sie sich, wenn Sie in der Situation ... (zum Beispiel ruhig) wären?
- Was sehen und hören Sie dann?
- Was sagen Sie dann?
- Wie bewegen Sie sich dann?
- Wie verhalten sich dann die anderen Anwesenden?

Lösungsorientierte Fragen

Die lösungsorientierten Fragen als Coachingwerkzeuge haben sich aus der lösungsorientierten Kurzzeittherapie nach Steve de Shazer entwickelt. Wie der Begriff schon sagt, richten sie die Denk- und Sichtweise über Dinge auf Erfolge und Lösungen. (siehe auch Kapitel 3 „Vom Problem- zum Lösungsbewusstsein")

- Was war – trotz des Misserfolgs – positiv?
- Was müssten Sie tun oder lassen, damit es besser wird?
- Was müssten Sie tun oder lassen, damit es schlimmer wird?
- Was wäre ein erster Schritt zur Verwirklichung des Ziels. Wann beginnen Sie?
- Gab es zu dem negativen Ereignis oder Verhalten schon mal eine Ausnahme?
- Was hat Ihnen geholfen, auf der Erfolgsskala von 5 auf 7 zu kommen? (0 – erfolglos, 10 – erfolgreich)

Auch die so genannte Wunderfrage nach Steve de Shazer ist lösungsorientiert. Sie eröffnet den Zugang zu einer Welt, wie sie dem persönlichen Wunschdrehbuch für das eigene Leben entspricht. Sie ermutigt dazu, die gewünschte Lebenssituation mit Freude und Kreativität auszumalen und auszusprechen. Die Wunderfrage lautet:

- Stellen Sie sich vor, über Nacht geschieht ein Wunder, und am nächsten Morgen hat sich ein großes Problem für Sie gelöst. Sie befinden sich in einer Situation, wie Sie sie sich wünschen und vielleicht schon länger gewünscht haben.

An die Wunderfrage können weitere Fragen angeschlossen werden:
- Wie sähe dann Ihr Leben aus? Was würden Sie in Zukunft tun?
- In welcher Umgebung würden Sie leben?
- Mit welchen Menschen hätten Sie zu tun und wie würden Sie sich verhalten?
- Was wäre nach dem Wunder (noch) anders als vorher?

Systemische Fragen

Der systemische Ansatz geht davon aus, dass die Veränderung eines Teils des Systems eine Veränderung des gesamten Systems zur Folge hat. Als System werden Gruppen, Teams, Vereine, Abteilungen, Unternehmen, Familien oder Hausgemeinschaften angesehen. Wird beispielsweise im Unternehmen eine Person befördert, hat das Konsequenzen auf alle anderen im System. Kollegen beenden vielleicht ihr Ringen um die Stelle, entwickeln Neid oder wollen sich mit dem beförderten Kollegen besonders gut stellen. Auch jeder Einzelne stellt in sich ein System dar, das aus unterschiedlichen Bedürfnissen, Vorstellungen, Wünschen und Gefühlen besteht.

Sie als Führungskraft sind Teil des Systems Unternehmen ebenso wie Ihre Mitarbeiter. Sie können das Geschehen zwar aus der Vogelperspektive betrachten und dadurch Ihren Blickwinkel vergrößern. Dennoch ist es nicht möglich, sich so weit aus dem Team herauszunehmen, dass Sie ein wirklich objektiver Beobachter sind. Denn auch Sie als Führungskraft haben verständlicherweise Ihre eigenen Interessen, Wünsche und Reaktionen auf Menschen und Geschehnisse.

Um Klärung in einem System zu fördern, sind folgende Fragen dienlich:

- Sind die Aufgaben und Positionen der Systemmitglieder klar? Sind sie gerecht verteilt? Gibt es Grenz- und Kompetenzüberschreitungen?
- Welche Koalitionen gibt es? Verschwörungen? Mobbing? Sozialer Ausschluss?
- Fühlen sich alle gleichermaßen anerkannt und gesehen?
- Wo gibt es unausgesprochene Hierarchien? Welche Konsequenzen hat das?
- Wie steht es mit dem Informationsfluss?

Zirkuläre Fragen

Der Begriff des zirkulären Fragens entstand im Mailänder Team um Mara Selvini Palazzoli und stammt aus der Familientherapie. Hierbei werden Personen über andere Menschen befragt: du über ihn, er über sie, sie über dich …

In der Familientherapie könnte das Kind beispielsweise gefragt werden: Was glaubst du, was dein Vater denkt, wenn er deine Mutter weinen sieht?

Diese Fragetechnik dient dazu, sich in andere Menschen hineinzuversetzen und ihre Position einzunehmen. Das fordert das bessere Verstehen auch anderer Mitglieder der Gruppe. Im Mitarbeitercoaching können beispielsweise folgende zirkuläre Fragen aufschlussreich sein:

- Was glauben Sie, was der Kunde X von Ihnen denkt, wenn er erfährt, dass der Kunde Y möchte, dass das Projekt von Ihnen bearbeitet wird?
- Was glauben Sie, was der Kollege X denkt, wenn Sie alle zwei Wochen zum Coaching kommen?
- Was meinen Sie, hält die Kollegin X für die Ursache dafür, dass Herrn Y gekündigt wurde?

Abbildung 19: Menschen, die sich keine Ziele setzen, brauchen sich nicht zu wundern, wenn sie dort, wo sie ankommen, nicht zufrieden sind

- Was vermuten Sie, welchen Grund sieht der Kollege X dafür, dass der Kollege Y den Kollegen Z in seiner Präsentation bloßgestellt hat?
- Was meinen Sie, was er glaubt, wie sie das findet?
- Was glauben Sie, was er meint, wie sie über ihn denkt, während er sie so weggehen sieht?

Zielentwicklung

Mit einer klaren Zielentwicklung und -formulierung wird häufig das Coachingthema konkretisiert. Viele Menschen kommen ins Coaching mit Klagen über andere Menschen oder über ihre Lebens- und Arbeitssituation. Solche Klagen haben selten einen positiven Veränderungseffekt. Allerdings können sie Ausgangspunkt für eine gemeinsame Zielentwicklung sein.

Ziele werden oft nicht erreicht, Vorsätze häufig wieder aufgegeben. Viele Menschen sind darüber so frustriert, dass sie sich keine Ziele mehr setzen. Die meisten Menschen brauchen jedoch Ziele, um in ihrem Leben zufrieden zu sein. Und oft scheitern Ziele und Vorsätze, weil sie nicht erfolgversprechend formuliert werden.

Eine adäquate Zielentwicklung ist für den einzelnen Mitarbeiter ebenso wichtig wie für die Führungskraft und das Unternehmen.

In der Praxis haben sich die im **SMART-Modell** enthaltenen Kriterien für die Zielerreichung bewährt:

S: spezifisch, konkret, selbst erreichbar
Ein erreichbares Ziel ist konkret formuliert und beinhaltet Details und Kontext. Es lässt sich leichter umsetzen, wenn der Mitarbeiter es selbst erreichen kann. Die Zielsetzung darf also nicht von anderen abhängen oder über einen Vergleich mit einer anderen Person definiert werden.

Folgende Fragen können zur sinnesspezifischen Konkretisierung führen:

- Was genau wollen Sie in welcher Zeit wie erreicht haben?
- Wie genau werden Sie dabei vorgehen?
- Wo genau wird … passieren oder sein?
- Was sehen, hören, fühlen, schmecken und riechen Sie, wenn Sie Ihr Ziel erreicht haben?
- Liegt es in Ihrer Möglichkeit, dieses Ziel in die Realität umzusetzen?
- Was brauchen Sie noch an Informationen, Fähigkeiten, Kooperationspartnern, um es zu erreichen?

M: messbar
Damit Ihr Mitarbeiter erkennen kann, wann er das Ziel erreicht hat, müssen konkrete Messkriterien bestehen. Das kann ein Zertifikat über ein bestandenes Examen sein, die Verhandlungsführung in einer Fremdsprache, eine Beförderung, das Erreichen bestimmter Umsatzzahlen oder die Aufnahme in ein Expertengremium.

- Woran bemerken Sie zuerst, dass Sie auf dem Weg sind, Ihr Ziel zu erreichen? (Feedbackschleife)
- Wie und woran erkennen Sie, dass Sie Ihr Ziel erreicht haben?
- Wer wird zuerst bemerken, wenn Sie Ihr Ziel erreicht haben?

A: anziehend, motivierend
Ein attraktives Ziel motiviert Ihren Mitarbeiter dazu, sich dafür einzusetzen. Allein die Vorstellung, das Ziel erreicht zu haben, löst eine positive Emotion in ihm aus. Die Wichtigkeit des Ziels für den Coachee kann mit folgenden Fragen ermittelt werden:

- Was an dem Ziel ist für Sie wichtig?
- Welche Zahl auf einer Skala von 0 bis 10, bekommt das Ziel? (0-unwichtig, 10-wichtig)
- Was ist das Beste daran, wenn Sie das Ziel erreicht haben?
- Welcher höhere Wert verwirklicht sich für Sie, wenn Sie das Ziel erreicht haben?
- In welcher Hinsicht bringt Sie das Erreichen des Ziels einer größeren Lebensvision näher?

> *Es gibt kein Problem, das nicht auch ein Geschenk für dich in den Händen trüge. Du suchst Probleme, weil du ihre Geschenke brauchst. Dein einziges Problem ist die Problemlosigkeit.*
>
> Richard Bach *Illusionen*

R: realistisch und gehirngerecht

Gemeinsam können Coach und Coachee überprüfen, ob das gesetzte Ziel realistisch ist. Es könnte auch zu hoch oder zu niedrig gesteckt sein. Dabei ist es die Aufgabe des Coaches, auch darauf zu achten, dass die Grenzen nicht zu eng gezogen werden oder er umgekehrt zu einer Selbstüberschätzung des Mitarbeiters beiträgt.

Die positive Formulierung eines Ziels ist wichtig für die Umsetzung. Neurologische Untersuchungen haben gezeigt, dass die rechte Gehirnhälfte des Menschen in Bildern funktioniert. Ob ein Bild mit einem Nicht verbunden wird, macht für diesen Teil des Gehirns keinen Unterschied. „Ich will in Zukunft **nicht** mehr zehn bis zwölf Stunden am Tag arbeiten", wird vom Unbewussten aufgefasst als: „Ich will zehn bis zwölf Stunden am Tag arbeiten". Denn im Gehirn ensteht das Bild „Zehn bis zwölf Stunden arbeiten". Das „Nicht" wird getilgt. Da das Unbewusste sehr kooperativ ist, wird es auch weiterhin eine Arbeitszeit von zehn bis zwölf Stunden kreieren. Erfolgversprechender ist in diesem Fall die Formulierung: „Ab Anfang nächsten Jahres arbeite ich nur noch neun Stunden am Tag und spiele jeden Abend mit meinen Kindern."

Stellen Sie sich vor, Sie steigen in ein Taxi und sagen zum Taxifahrer: „Schnell, schnell, fahren Sie los, aber nicht zu Karstadt." Der Fahrer kann noch so kooperativ sein, er kann Sie nicht dahin fahren, wohin Sie gern möchten, es sei denn, Ihnen ist jeder Ort recht – nur eben nicht Karstadt.

> **Tipp**
>
> *Trägt Ihnen Ihr Coachee eine Nicht-Aussage vor, stellen Sie Ihre Fragen so, dass er zu einer positiven Formulierung findet. Fragen Sie: Sondern? Was statt dessen? oder Wie statt dessen?*

Abbildung 20: Sterne vom Himmel holen – ein realistisches Ziel?

T: termingebunden und schriftlich

Legen Sie mit Ihrem Mitarbeiter fest, wann er das Ziel erreicht haben wird. Lassen Sie ihn den Termin in seinen Terminkalender eintragen und notieren Sie ihn sich ebenfalls. Vereinbaren und notieren Sie bei Projekten, die sich über einen längeren Zeitraum hinziehen, Zwischenziele. Wie das Erreichen von einem Camp nach dem anderen bei einer Mount-Everest-Besteigung, sind Zwischenziele auch während Durststrecken motivationserhaltend und -fördernd.

Erfüllt das Ziel sämtliche genannten Kriterien, sollte es unbedingt in einem Satz schriftlich festgelegt werden. Dadurch wird es klarer, verbindlicher, bedeutungsvoller und nachprüfbar.

Beispielsweise:

Ich habe am 12. September 2006 mein Ziel: _____ erreicht, damit ich, ... !

Es ist zu empfehlen, dass der Coachee sich immer wieder vorstellt, wie es ist, sein Ziel schon erreicht zu haben. Sich zehn Minuten in dieser Vorstellung zu „baden", kann am Schluss der Zielentwicklung eine abschließende Überprüfung sein, ob das Ziel wirklich stimmig ist. Gelingt ihm diese innere Visualisierung nicht oder fühlt er sich dabei nicht wohl, kann dies ein Indiz dafür sein, dass das Ziel nicht ganz stimmig ist und umgekehrt.

Bevor begonnen wird, ein Ziel zu verwirklichen, sollten die Auswirkungen auf andere Lebensbereiche und etwaige Einwände gegen die Zielerreichung berücksichtigt werden. (siehe hierzu unbedingt das nächste Kapitel: Ökologiecheck)

> **Tipp**
>
> *Wenn du ein glückliches Leben willst, verbinde es mit einem Ziel.*
>
> Albert Einstein

Ökologiecheck

Der Ökologiecheck stammt aus dem NLP und ist eine Überprüfung der Verträglichkeit von Veränderungen mit anderen sozialen oder individuellen Faktoren. Er basiert auf dem systemischen Gedanken, dass eine Veränderung innerhalb eines Systems immer Auswirkungen auf alle anderen Teile des Systems hat.

Beispiele:

■ *Die Ernennung zum Prokuristen kann mit mehr Reisetätigkeit verbunden sein. Für regelmäßige Treffen mit Freunden, Hobbies oder gemeinsame Familienabende bleibt weniger Zeit.*

■ *Das Ziel Mutter zu werden, kann eine erfolgreiche, selbstständige Frau ins Wanken bringen, wenn sie befürchtet, ihren Bürostuhl mit der Bank neben dem Sandkasten eines Spielplatzes eintauschen zu müssen.*

Mit dem Ökologiecheck werden Faktoren in die Betrachtung mit einbezogen, die zuvor bei einer angestrebten Veränderung oder einer Zielentwicklung noch nicht berücksichtigt wurden. Auch wenn dies selbstverständlich nicht bei allen Umständen möglich ist, vergrößert die weitgehende Integraion von Konsequenzen und Nebenwirkungen die Chance, das Ziel zu erreichen.

Werden Einwände nicht berücksichtigt, können sie – oft im Unbewussten wirkend – die Zielerreichung boykottieren. Für den Ökologiecheck sind folgende Fragen dienlich:

- Was wird passieren, wenn Sie bekommen, was Sie möchten?
- Was wird passieren, wenn Sie es nicht bekommen?
- Was sind die Vorteile, was die Nachteile?
- Was ist das Schlimmste, was passieren kann, wenn Sie Ihr Ziel (nicht) erreichen?
- Was geben Sie auf? Was gewinnen Sie?
- Welche Auswirkungen hat das Erreichen Ihres Ziels auf andere Lebensbereiche, auf andere Beziehungen?
- Stimmt Ihr Ziel mit Ihren Werten und Ihrem Selbstverständnis überein?
- Welche Nebenwirkungen oder Einwände gibt es?

Tauchen erhebliche Einwände auf, sollten Sie diese nicht ignorieren. Es kann eine Abwägung oder ein Reframing erfolgen, neue Lösungen, Sichtweisen und Ressourcen können gesucht werden. Gegebenenfalls ist das Ziel zu ändern.

Prioritäten setzen nach Eisenhower

Gibt es mehrere Themen, an denen der Cochee etwas verbessern möchte, sollten die Prioritäten herausgearbeitet werden. Kriterien dafür können die vom Betreffenden subjektiv gesetzten Werte oder die Anforderungen von außen sein.

Beim Entwickeln der Prioritäten kann das Eisenhower Modell, ein Instrument aus dem Selbstmanagement, hilfreich sein. Es sortiert Aufgaben und Ziele nach zwei Kriterien: Wichtig – unwichtig und eilig – nicht eilig. So entstehen vier Gruppen von Aufgaben, für die unterschiedliche Vorgehensweisen empfohlen werden:

Nach Eisenhower werden die Aufgaben, die gleichzeitig **eilig und wichtig** sind, sofort angepackt.

- Die **wichtigen** Aufgaben, die **nicht eilig** sind, werden in die Zeitplanung eingetragen.

- Sind die Aufgaben zwar **unwichtig**, aber **eilig**, werden sie – wenn möglich – an Mitarbeiter delegiert.

- Alle Aufgaben, die **sowohl unwichtig als auch nicht eilig** sind, landen im Papierkorb.

Je mehr sich jemand unwichtiger Aufgaben entledigt, desto mehr Freiraum erhält er für die Ziele, Visionen oder Träume, die ihm wichtig sind.

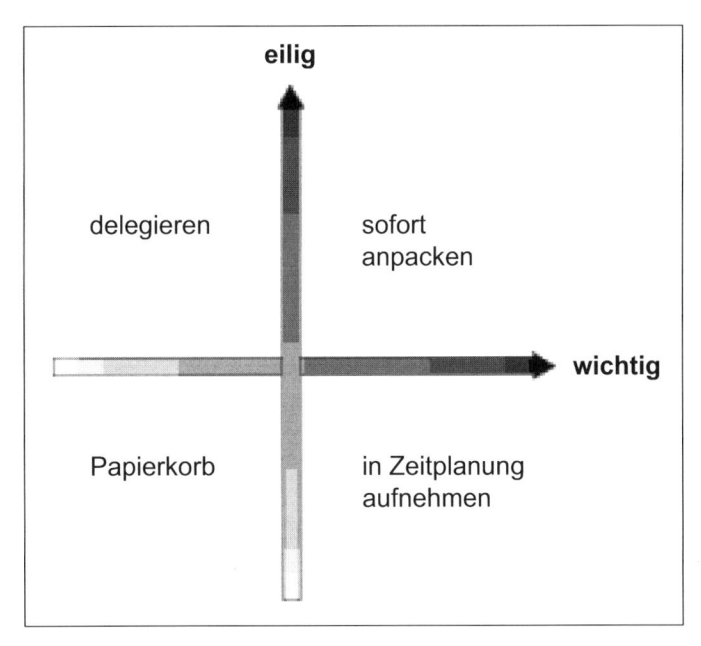

Abbildung 21: Prioritäten und Konsequenzen nach Eisenhower

Abbildung 22: Aufgaben nach Prioritäten ordnen

Tipp

Wenn Sie Schreibtische, Papierstapel, Schubladen, Schränke, Keller, Terminkalender, Adressendateien und auch überflüssige Gewohnheiten entrümpeln möchten, sortieren Sie nach den vier genannten Kategorien. So werden Kapazitäten frei für Dinge, die Ihnen wirklich wichtig sind.

Erfolgs- und Strategiekontrolle mit T.O.T.E.

Zu den Aufgaben des Coachs gehört es auch, vereinbarte Ziele im Blick zu halten und für eine Erfolgskontrolle zu sorgen. Hat die gewählte Strategie nicht den gewünschten Erfolg gebracht, sollte eine neue Strategie erarbeitet werden. Wie Menschen ihr Verhalten und ihre Strategien verändern, veranschaulicht das **T.O.T.E. – Modell**. Es wurde entwickelt von George Miller, Eugene Galanter und Karl H. Pribram (Plans and the Structure of Behavior, 1960) und verdeutlicht die Vorgänge beim Lernen von neuem Verhalten. Dabei werden folgende Phasen durchlaufen:

T – Test
O – Operate
T – Test
E – Exit

Wird eine Veränderung angestrebt, ist der Ausgangspunkt der Ist-Zustand und der Wunsch-Zustand ist der Zielzustand. Zeigt der Vergleich zwischen den beiden, dass das Ziel noch nicht erreicht ist, wird diese Information als Feedback angenommen. Zielorientierte Veränderungen werden eingeleitet (Operate). Dann wird das Ergebnis erneut mit dem erwünschten Zustand verglichen (Test). Ist das Ziel erreicht, ist der Prozess beendet (Exit). Wird wiederum eine Differenz festgestellt, beginnt der Prozess von vorn und wird fortgeführt bis das Ziel erreicht ist. Effizient ist eine Strategie, wenn sie möglichst wenig Durchgänge benötigt.

Beispiel:
Ist Zustand: Eine Person hat einen Nagel und einen Hammer in der Hand.
Ziel: Der Nagel ist in der Wand. Das Bild kann aufgehängt werden.

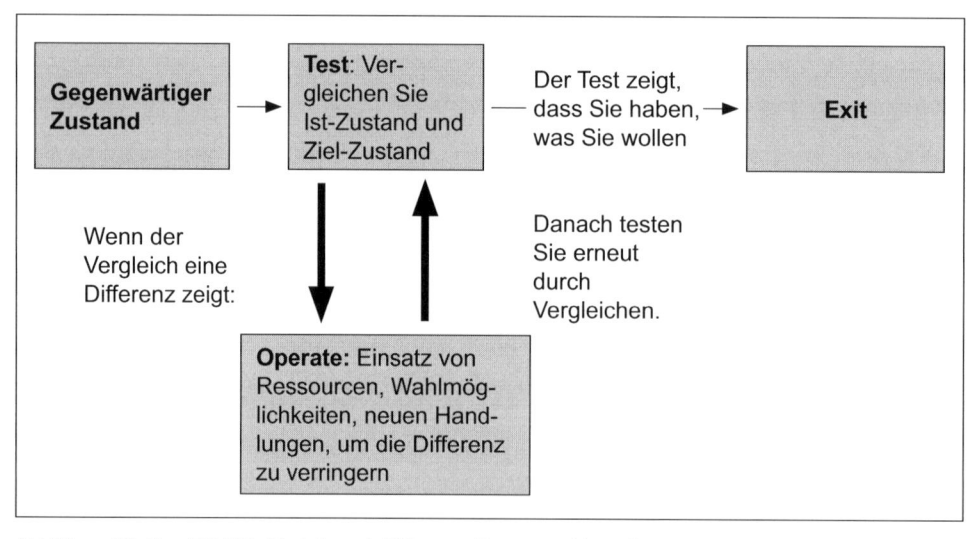

Abbildung 23: Das T.O.T.E.-Modell nach O'Connor/Seymour, *Neurolinguistisches Programmieren*, Freiburg 1992, Seite 123

Operate *Die Person schlägt mit dem Hammer auf den Nagel.*
Test: *Sie überprüft, ob der Nagel in der Wand hält.*
Exit: *Ist dies der Fall, ist der Durchgang beendet. Wenn nicht, wird eine weitere Operate-Phase angehängt.*

Haben Sie mit Ihrem Coachee Ziele entwickelt und waren die bisherigen Strategien nicht erfolgreich, kann dieses Modell den Coachee dazu bewegen, dies nicht als Misserfolg zu werten. Denn es vermittelt, dass es üblich ist, wenn Strategien einmal nicht funktionieren. Das kann ihn dazu ermutigen und motivieren, neue Strategien zu entwickeln und mit ihnen das gewünschte Ziel weiter zu verfolgen.

Abbildung 24: Der Wein wird so lange getestet bis der Beste gefunden ist

Zuhören

Aktives Zuhören ist eine der wesentlichsten Voraussetzungen für gute Kommunikation. Auch wenn Sie als gewandter Kommunikator und gute Führungskraft bereits gut zuhören können, hat es im Coaching einen so hohen Stellenwert, dass hier die wichtigsten Kriterien dargestellt werden.

Gutes Zuhören ist am besten vom Ergebnis her zu beurteilen. Das Gegenüber fühlt sich verstanden und freut sich über das Interesse und die Aufmerksamkeit, die ihm entgegengebracht werden.

Typische Indikatoren für aktives Zuhören: Der Zuhörer …

- … hält Augenkontakt zu seinem Gegenüber.
- … lässt sein Gegenüber ausreden.
- … zeigt, dass er zuhören will und dass er Zeit hat.
- … gibt mit kurzen Einwürfen ab und zu eine Bestätigung.
- … greift Schlüsselworte des Erzählers auf.
- … zeigt Mitgefühl und Anteilnahme.
- … fragt mit offenen Fragen nach.
- … gibt eine kurze Zusammenfassung des Gesagten.
- … hat eine offene Körperhaltung.
- … spricht Gefühle des Gesprächspartners an.
- … achtet auf nonverbale Botschaften wie Gestik, Mimik und Veränderungen in der Stimme.

Beispiel für das Aufgreifen von Schlüsselworten:

A: *„Ich erlebe es immer wieder, dass ich große Schwierigkeiten habe, meinem Kollegen über längere Zeit zuzuhören."*
B: *„Schwierigkeiten?"*
A: *„Ja, neulich habe ich eine Situation erlebt ..."*

Beispiel für die Wiedergabe des Gesagten:
„Habe ich Sie richtig verstanden, dass ..."
"Ich versuche einmal kurz zusammenzufassen, was ich verstanden habe..."

Die Einstellung eines guten Zuhörers zeichnet sich dadurch aus, dass er am Gegenüber und dem, was es sagt, echtes Interesse hat. Er ist bemüht zu verstehen, was der andere ihm mitteilen will und versucht, sich mit Mitgefühl in seine Situation hineinzuversetzen.

Durch aktives Zuhören können sich private und berufliche Beziehungen verbessern. Steht der Zuhörer unter hohem psychischen Druck und möchte selber reden oder bemerkt er, dass er nur *technisch* zuhören kann, empfiehlt es sich, das Gespräch auf einen anderen Zeitpunkt zu verlegen.

Aktives Zuhören bewirkt, dass ...

- ... der Redner sich akzeptiert, bestätigt, wertgeschätzt, entspannt und geliebt fühlt. Er ist selbstbewusst und zufrieden.
- ... Vertrauen und Nähe entstehen können.
- ... eine vertrauensvolle Beziehung bestätigt oder aufgebaut wird.
- ... der Redner den Gesprächsinhalt umfangreicher und lebendiger darstellt.
- ... der Zuhörer eine größere Chance hat, zu erfahren, was der andere sagen will.
- ... der Zuhörer mehr Informationen über die Sache oder den Redner selbst erfährt.
- ... der Zuhörer einem Vielredner mit der Wiedergabe der Schlüsselworte das Gefühl geben kann, er ist verstanden worden.
- ... der Redner entspannt und offen ist, was zur Folge hat, dass auch er besser zuhört.

Aktives Zuhören wird verhindert, wenn der Zuhörer ...

- ... bereits an das denkt, was er entgegnen will.
- ... eher auf Details achtet und sich möglicherweise sogar darüber ärgert.
- ... den Gedanken des Redners schon weiter denkt.
- ... das Gespräch als lästig empfindet, sich langweilt oder keine Zeit hat.
- ... ein Urteil über den Gesprächspartner fällt.
- ... sich zu schnell eine Meinung über das Gesagte bildet und ihr Ausdruck gibt.

Abbildung 25: Menschen möchten verstanden werden und verstehen

> *Momo konnte so zuhören, dass dummen Leuten plötzlich sehr gescheite Gedanken kamen. Nicht etwa, wie sie etwas sagte oder fragte, brachte den anderen auf solche Gedanken, nein, sie saß nur da und hörte zu mit aller Anteilnahme und Aufmerksamkeit. Dabei schaute sie den anderen mit ihren großen dunklen Augen an, und der Betreffende fühlte, wie in ihm auf einmal Gedanken auftauchten, von denen er nie geahnt hatte, dass sie in ihm steckten. Sie konnte so zuhören, dass ratlose und unentschlossene Leute auf einmal ganz genau wussten, was sie wollten, oder dass Schüchterne sich plötzlich frei und mutig fühlten, oder dass Unglückliche und Bedrückte plötzlich zuversichtlich und froh wurden. Wenn jemand meinte, sein Leben sei ganz verfehlt und bedeutungslos und er selbst nur irgendeiner unter Millionen, einer, auf den es überhaupt nicht ankommt und der ebenso schnell ersetzt werden kann wie ein kaputter Topf, und er ging hin und erzählte das alles der kleinen Momo, dann wurde ihm, noch während er redete, auf geheimnisvolle Weise klar, dass er sich gründlich irrte, dass es ihn genauso wie er war, unter allen Menschen nur ein einziges Mal gab und dass er deshalb auf seine besondere Weise für die Welt wichtig war. So konnte Momo zuhören.*
>
> Michael Ende in *Momo*

- … bei schwierigen oder unangenehmen Themen einfach abschaltet.
- … glaubt, alles schon zu wissen.
- … sich gleichzeitig mit anderen Dingen beschäftigt.

Perspektivenwechsel

> Ein bekanntes Reframing ist die Frage: Ist das Glas Wasser halb leer oder halb voll?

Eine der wirksamsten, vielseitigsten und elegantesten Werkzeuge im Coaching sind Perspektivenwechsel, Umdeutungen oder Reframings. Der Begriff Reframing stammt aus dem Englischen (to reframe) und heißt neu rahmen oder umdeuten. Jeder Perspektivenwechsel und jeder neue Aspekt kann zu einer Umdeutung führen. Es ist Aufgabe des Coachs, im Coaching immer wieder dafür zu sorgen.

Beispiel:
Ihr Mitarbeiter Herr Schneider beschwert sich bei Ihnen im Coaching darüber, dass sein Mitarbeiter Herr Weber seine Zeit mit Nebensächlichkeiten vergeudet und seine Kernaufgaben vernachlässigt. Herr Schneider habe Herrn Weber schon mehrmals aufgefordert, seine Zeit nicht mit Bagatellen zu verplempern. Doch nichts habe sich verändert. Im Gegenteil, jetzt sei Herr Weber auch noch schweigsamer geworden. Durch Ihre professionellen Fragetechniken erfahren Sie von Herrn Schneider, dass Herr Weber unermüdlichen Einsatz zeigt. Sie betonen dies gegenüber Herrn Schneider und empfehlen ihm, Herrn Weber dafür Anerkennung und Wertschätzung zu zeigen und zunächst die Wirkung zu beobachten.

Sie bieten ihm an, danach mit ihm zu überlegen, wie er Herrn Weber dazu bewegen kann, mit demselben oder sogar weniger Engagement seine Arbeit effektiver zu gestalten. So ist die Chance größer, dass die Motivation von Herrn Weber erhalten und sinnvoll kanalisiert wird.

Sekundärgewinn
Wie es bei Krankheiten einen sekundären Krankheitsgewinn geben kann, sind auch bei anderen unerfreulichen Ereignissen oder Problemen positive Begleiterscheinungen möglich.

Beispiel:
Der Coachee erzählt, dass er 300.000 Euro durch den Wertverlust seiner Aktien verloren hat. Doch anstatt ein Gefühl von Ärger, Trauer oder Enttäuschung zu äußern, erklärt er lachend: „Zum Glück, denn sonst hätten wir auf dem Land ein Haus gekauft und wären nun dort festgenagelt. In unserer Mietwohnung in der Stadt fühle ich mich wohler".

Ein solches Spontanreframing von Seiten des Coachees kann auch einen erfahrenen Coach verblüffen.

Positive Absicht
Ein Grundsatz im NLP lautet: Hinter jedem Verhalten steckt eine positive Absicht. Auch wenn sich hierüber gewiss streiten lässt, ist diese Annahme als Arbeitshypothese für einen Coach zunächst empfehlenswert. Diese Sichtweise stellt zudem einen Kontrast zur Gewohnheit vieler Menschen dar, anderen negative Absichten zu unterstellen.

Beispiel:
Ein Mitarbeiter verlässt schon zum dritten Mal in einer Woche das Büro um 16 Uhr. Kollegen mutmaßen, er drückt sich vor unliebsamer Arbeit. Sein Vorgesetzter spricht ihn auf sein Verhalten an und erfährt, dass er einen Bandscheibenvorfall hat. Er könnte sich krankschreiben lassen. Doch er zieht es vor zu arbeiten und geht lediglich täglich um kurz nach 16 Uhr zur Physiotherapie.

Das Erforschen der positiven Absicht hinter dem Verhalten öffnet auch bei inneren oder äußeren Konflikten, in denen es keine Lösung zu geben scheint, neue Möglichkeiten für eine Lösung und eine allseits zufrieden stellende Einigung.

Beispiel:
Die Sachbearbeiterin Frau Schmidt wird regelmäßig ungeduldig, wenn ihr Kollege Herr Wegner ihr Geschichten aus seinem Privatleben erzählt. Sie will arbeiten und keine Zeit mit privaten Gesprächen vergeuden. Außerdem ist sie der Meinung, dass Privates nicht in den Job gehört. Andererseits möchte Sie Herrn Wegner nicht vor den Kopf stoßen. Eine Zwickmühle: Einmal verdammt sie sich selbst wegen ihrer Ungeduld, ein anderes Mal ihren Kollegen wegen seiner Geschwätzigkeit.

Beim nächsten Betriebsausflug erfährt sie die positive Absicht von Herrn Wegner: er möchte mit Kollegen über das Fachliche hin-

aus kommunizieren, weil er davon überzeugt ist, dadurch das Arbeitsklima und letztlich die Zusammenarbeit zu verbessern.

Auf der Verhaltensebene besteht für Frau Schmidt ein echter Konflikt. Arbeiten und Reden stehen sich gegenüber. Es gibt für sie nur ein entweder – oder. In dem Moment, in dem die positive Absicht hinter dem Verhalten sichtbar wird, lässt sich auf der Verhaltensebene eine Lösung finden. Denn natürlich hat auch Herr Wegner Arbeit zu erledigen und natürlich hat auch Frau Schmidt ein Interesse an einem guten Arbeitsklima. Eine mögliche Lösung kann sein, dass die beiden ab und zu die Mittagspause miteinander verbringen.

Die nachfolgende Geschichte soll sich zur Zeit Laotses in China zugetragen haben. Hier kreierte das Leben ein Reframing nach dem anderen:

Urteilen

Ein alter Mann lebte in einem Dorf. Er war arm, aber selbst Könige waren auf ihn neidisch, denn er besaß ein wunderschönes weißes Pferd. Die Könige boten ihm phantastische Summen an, aber der Mann sagte: „Dieses Pferd ist für mich kein Pferd, sondern wie ein Mensch. Und wie kann man einen Menschen ... einen Freund verkaufen?" Der Mann war sehr arm, aber sein Pferd verkaufte er nie.

Eines Morgens fand er sein Pferd nicht im Stall. Das ganze Dorf versammelte sich und die Leute sagten: „Du dummer alter Mann! Wir haben immer gewusst, dass das Pferd eines Tages gestohlen wird. Es wäre besser gewesen, es beizeiten zu verkaufen. Welch ein Unglück!"

Der alte Mann erwiderte: „Geht nicht so weit, das zu sagen. Sagt einfach: das Pferd ist nicht im Stall. Soviel ist Tatsache. Alles andere ist Urteil. Ob es ein Unglück ist oder ein Segen, weiß ich nicht, weil dies ja nur ein Bruchstück vom Ganzen ist. Wer weiß, was darauf folgen wird?"

Die Leute lachten den Alten aus. Sie hatten schon immer gewusst, dass er ein bisschen verrückt war. Aber nach fünfzehn Tagen kehrte eines Abends das Pferd plötzlich wieder zurück. Es war nicht gestohlen worden, sondern in die Wildnis ausgebrochen. Und nicht nur das, es brachte auch noch ein Dutzend wilder Pferde mit.

Wieder versammelten sich die Leute und sie sagten: „Alter Mann, Du hattest recht. Es war kein Unglück, es hat sich tatsächlich als Segen erwiesen."

Der Alte entgegnete: „Wieder geht Ihr zu weit. Sagt einfach: das Pferd ist zurück ... wer weiß, ob das ein Segen ist oder nicht? Es ist nur ein Bruchstück. Ihr lest nur ein einziges Wort in einem Satz ... wie könnt Ihr dann das ganze Buch beurteilen?"

Dieses Mal wussten die Leute nicht viel einzuwenden, aber innerlich wussten sie, dass der Alte Unrecht hatte. Zwölf herrliche Pferde waren gekommen ...

Der alte Mann hatte einen einzigen Sohn, der begann die Wildpferde zu trainieren. Schon eine Woche später fiel er vom Pferd und brach sich die Beine. Wieder versammelten sich die Leute und wieder urteilten sie. Sie sagten: „Wieder hattest Du recht! Es war ein Unglück. Dein einziger Sohn kann nun seine Beine nicht mehr gebrauchen, und er war die einzige Stütze deines Alters. Jetzt bist Du ärmer als je zuvor."

Der Alte antwortete: „Ihr seid besessen vom Urteilen. Geht nicht so weit. Sagt nur, dass mein Sohn sich die Beine gebrochen hat. Niemand weiß, ob dies ein Unglück oder ein Segen ist. Das Leben kommt in Fragmenten und mehr bekommt Ihr nie zu sehen."

Es begab sich, dass das Land nach ein paar Wochen einen Krieg begann. Alle jungen Männer des Ortes wurden zwangsweise zum Militär eingezogen. Nur der Sohn des alten Mannes blieb zurück, weil er verkrüppelt war. Der ganze Ort war von Klagen und Wehgeschrei erfüllt, weil dieser Krieg nicht zu gewinnen war. Man wusste, dass die meisten der jungen Männer nicht nach Hause zurückkehren würden.

Sie kamen zu dem alten Mann und sagten: „Du hattest recht, alter Mann ... es hat sich als Segen erwiesen. Dein Sohn ist zwar verkrüppelt, aber immerhin ist er noch bei dir. Unsere Söhne sind nun für immer fort."

Der alte Mann antwortete wieder und sagte: „Ihr hört nicht auf zu urteilen. Niemand weiß! Sagt nur, dass man Eure Söhne in die Armee eingezogen hat und dass mein Sohn nicht eingezogen wurde. Doch nur Gott, nur das Ganze weiß, ob dies ein Segen oder ein Unglück ist."

Wahrnehmungspositionen und -wechsel

Urteile nie über einen Menschen bevor du nicht tausend Meilen in seinen Mokassins gegangen bist.

Indianisches Sprichwort

Ein Wechsel der Wahrnehmungspositionen beruht ebenfalls auf Reframing (siehe voriges Kapitel Perspektivenwechsel) und ist im Coaching sehr effektiv. Hierbei steigt die betreffende Person aus der eigenen Sichtweise der Dinge aus und übernimmt die Sichtweise einer anderen Person. Es ist dabei oft erstaunlich, welche Informationen der Betreffende auch über die Ziele, Motive und Hintergründe der anderen Person bekommt.

Sich in eine andere Person hineinzuversetzen kann für das Verstehen dieser Person wichtig sein. Diese Methode kann auch der Vorbereitung von Gesprächen eine neue Dimension verleihen. Ebenso können Sie Ihr eigenes Verständnis für den Mitarbeiter erhöhen, wenn Sie sich in dessen Position hineinversetzen. Die grundlegenden Wahrnehmungspositionen sind:

Ich sehe, höre, fühle es …

Ich-Position	… aus meiner Position heraus
Du-Position	… aus der Warte der anderen Person
Wir-Position	… aus der Sicht der Gemeinsamkeiten
Meta-Position	… aus einer möglichst neutralen Position heraus, mit Abstand, aus der Vogelperspektive

Beispiel:

Der Mitarbeiter Herr Reimann beschwert sich bei Ihnen über den Kollegen Herrn Hofer. Dieser gebe ihm trotz wiederholter Nachfrage nicht die Information, die er dringend brauche. Sie bitten Herrn Reimann sich von seinem Stuhl aus (Ich-Position) vorzustellen, auf dem Stuhl ihm gegenüber sitze Herr Hofer (Du-Position). Nun bitten Sie ihn, sich auf den Stuhl von Herrn Hofer zu setzen und sich vorzustellen, er sei nun Herr Hofer. Nun fragen Sie ihn, wie es ihm als Herrn Hofer geht, was seine derzeitigen Aufgaben sind und was er von Herrn Reimanns Bitte hält. In der Position von Herrn Hofer fühlt sich Herr Reimann stark überlastet. Die Bitte von Herrn Reimann hatte er auf seiner To-do-Liste als unwichtig hinter anderen zurückgestellt. Nun begibt sich Herr Reimann wieder in die Ich-Position. Auf Ihre Nachfrage hin erfahren Sie von Herrn Reimann, dass dieser nun Herrn Hofers Verhalten viel besser versteht. Da er nach wie vor die Informationen dringend benötigt, kann er sich nun ohne Groll und souveräner eine erfolgreiche Strategie überlegen, wie er es trotz der Überlastung von Herrn Hofer schafft, dass seine Bitte schnell erledigt wird.

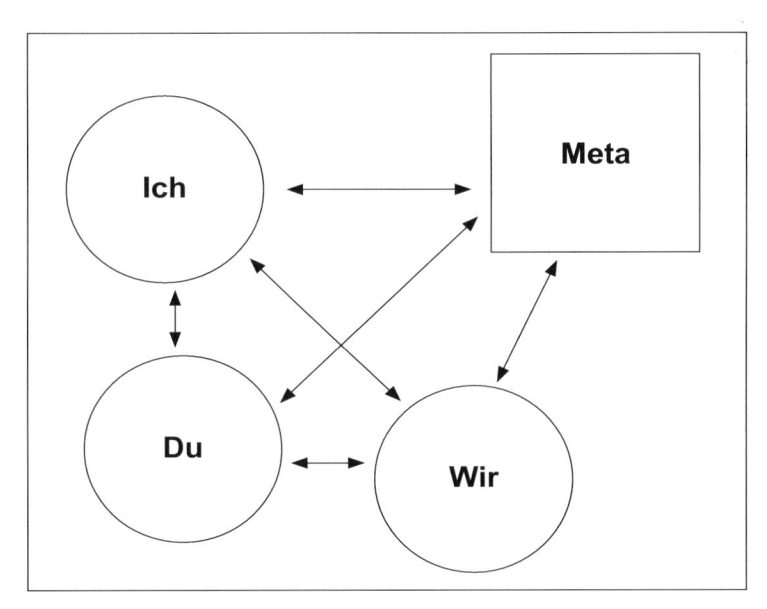

Abbildung 26: die grundlegenden Wahrnehmungspositionen

Es kann viel Wahres an den Informationen sein, die ihr Coachee in der Position einer anderen Person bekommt. Sie können jedoch nicht immer als Wahrheiten angesehen werden. Die Informationen können von den eigenen Vorstellungen geprägt oder mitgeprägt sein.

> **Tipp**
>
> Sie können dem Coachee das Hineinschlüpfen in eine andere Position erleichtern, indem Sie ihn auch räumlich die Position wechseln lassen. Markieren Sie dabei die unterschiedlichen Positionen mit Kärtchen, die Sie auf den Boden oder auf verschiedene Stühle legen.
>
> Für den Fall, dass der Coachee in einer solchen Situation sehr emotional reagiert, empfiehlt es sich, eine Meta-Position einzurichten. Dort fällt es ihm leichter, aus seinen Emotionen auszusteigen und die Gesamtsituation umfassend und neutraler zu betrachten.

Inzwischen ist die Sinnfrage zum brennendsten Problem von heute geworden, und zwar keineswegs etwa bloß im Sinne einer Malaise unter empfindsamen Intellektuellen. Vielmehr konnte etwa der amerikanische Psychiater Robert Coles beobachten, dass unter seinen Patienten auch die manuellen Arbeiter heute hauptsächlich über eines klagen, und das ist das Sinnlosigkeitsgefühl.

Victor Emil Frankl,
Begründer der Logotherapie

Weltbildern begegnen und sie erweitern

Sinnessysteme (vakog)

Mit den fünf Sinnen Sehen, Hören, Fühlen, Schmecken und Riechen nimmt der Mensch seine Umwelt wahr. Von den etwa 60.000 Kleinsteindrücken, die der Mensch nach wissenschaftlichen Untersuchungen pro Sekunde bekommt, nimmt er etwa hundert bewusst wahr. Die anderen werden individuell gefiltert. Somit ist die Vorstellung, die sich ein Mensch von der Welt macht, lediglich ein Modell der Welt, so wie eine Landkarte nicht das wirkliche Gebiet ist.

> **V** – isuell (sehen)
> **A** – uditiv (hören)
> **K** – inästhetisch (fühlen)
> **O** – lfaktorisch (riechen)
> **G** – ustatorisch (schmecken)

Menschen filtern die Wirklichkeit allein schon auf Grund ihres bevorzugten Sinnessystems. Wer beispielsweise sehr auf das fokussiert ist, was er sieht, überhört vielleicht Veränderungen in der Stimme einer Person. Wer auditive Eindrücke benötigt, um sich etwas merken zu können, wird durch das pure Lesen eines Buchs nicht optimal lernen.

Das Wissen um die unterschiedliche Wahrnehmung von der Welt spielt eine wesentliche Rolle in der Interaktion und Kommunikation von Menschen.

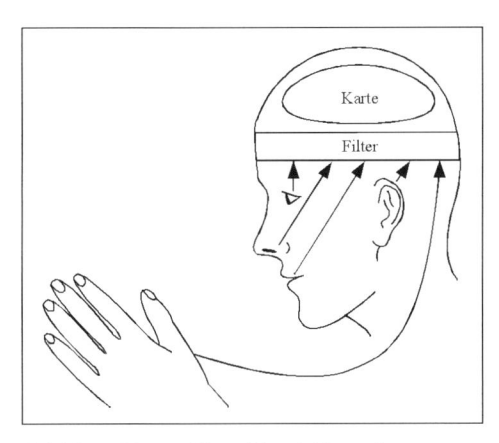

Abbildung 27: von Fiona Vogel: Die wahrgenommenen Eindrücke werden gefiltert

Beispiel:
Drei Freunde wollen sich im Kino einen Film anschauen. Sie streiten sich, in welches Kino sie gehen. Der eine plädiert für das mit der besonders großen Leinwand, der andere will in das mit der besten Akustik. Der Dritte rümpft die Nase in der Vorstellung an unbequeme Sitze. Er besteht auf einem dritten Kino mit viel Beinfreiheit und weichen Polstern.

> *Jeder meint, dass seine Wirklichkeit die wirkliche Wirklichkeit ist.*
> Paul Watzlawick

Das Ansprechen der unterschiedlichen Sinne kann als Coachingwerkzeug genutzt werden. Bewegt sich der Coachee überwiegend in einem bestimmten Sinnessystem, kann der Coach den Kontakt zu ihm verbessern, indem er ebenfalls auf diesem Kanal kommuniziert. Benutzt das Gegenüber beispielsweise viele Begriffe aus dem visuellen Bereich wie „klar", „Perspektive", „Überblick", so sprechen Coach und Coachee eine Sprache, wenn der Coach ebenfalls den visuellen Kanal betont. Verstehen und Vertrauen werden gefördert. Umgekehrt kann es einem stark visuellen Coachee völlig neue Türen und Erkenntnisse eröffnen, wenn ihn der Coach beispielsweise danach fragt, was er hört und fühlt.

Den visuellen Kanal können Sie im Coaching auch dadurch ansprechen, dass Sie Modelle, Positionen und Positionenwechsel visualisieren. Dafür können Sie Metaplankarten beschriften und auf den Boden legen, Flipchart oder Whiteboard benutzen und mit unterschiedlichen Farben und Linien oder Symbolen arbeiten. Haben Sie keine üblichen Visualisierungsmittel zur Verfügung, eignen sich zur Not auch Tassen, Zuckerwürfel oder Kulis, die Sie auf dem Tisch positionieren können oder Kissen, die Sie im Raum verteilen.

Eine kinästhetische Beteiligung fördern Sie, wenn Sie zum Beispiel Ihren Coachee nach Gefühlen fragen oder wenn er sich während des Coachings auf verschiedene Positionen stellt, Gegenstände bewegt oder etwas aufschreibt. So können Sie zum Beispiel Bodenanker oder unterschiedliche Stühle beim Perspektivenwechsel einsetzen. Allein schon, wenn der Coachee Begriffe oder Zieldefinitionen auf Metaplankarten oder Flipchart schreibt, erfasst er auch kinästhetisch.

Auditiv können Sie durch den variierenden Einsatz Ihrer Stimme beispielsweise Stimmungen vermitteln. Ein Wechsel zwischen lauter – leiser, schneller – langsamer, höher – tiefer oder der Einsatz von Pausen können Betonungen mit wirksamen Effekten bringen.

Da Menschen auf allen Sinneskanälen wahrnehmen und die Schwerpunkte wechseln, wird jedes Thema transparenter und jeder Veränderungs- oder Lernprozess stimmiger, wenn so viele Sinneskanäle wie möglich einbezogen werden.

Interessen
Darüber hinaus sind auch die aktuelle Situation und die individuellen Interessen prägende Kriterien für das Modell der Welt und die Wahrnehmungsfilter von Menschen.

Beispiel:
Sie halten eine Teambesprechung ab. Der eine Mitarbeiter überlegt, wie er die SMS seiner neuen Bekanntschaft vom Vorabend beantworten soll. Ein anderer wartet darauf, dass Sie den im Team heiß umkämpften Auftrag ansprechen, den möchte er unbedingt ergattern, alles andere auf der Tagesordnung interessiert ihn nicht. Ein Dritter hat Beklemmungen, weil er befürchtet, von Ihnen wegen eines Berechnungsfehlers angesprochen zu werden. Der nächste hat sich am Vorabend den Rücken verhoben und wechselt ständig seine Sitzposition, um eine schmerzfreie Haltung herauszufinden. Ein weiterer kam zu spät, hatte noch keinen Kaffee und ärgert sich über die leere Kaffeekanne. Ein anderer wartet darauf, dass Sie ihn vor der versammelten Mannschaft wegen eines Spitzenerfolges loben.

> *Wenn die Vorstellung stark genug ist, hält die Realität nicht stand.*
> G. F. W. Hegel

Die Erfahrung zeigt, dass gerade zu Beginn einer Teambesprechung mit einer solchen Situation zu rechnen ist. Der erste Schritt ist die Erkenntnis, dass das so ist. Der Zweite, den Fokus der Teammitglieder auf das eigentliche Thema zu lenken.

Sie können die Aufmerksamkeit Ihres Teams beispielsweise dadurch gewinnen,
▪ dass Sie von vornherein nur die Mitarbeiter zur Besprechung einladen, die von den Themen betroffen sind,
▪ dass Sie die Besprechung in der angemessenen Kürze halten,
▪ dass Sie klar strukturieren und die Tagesordnung einhalten.
▪ und dass Sie jedes Teammitglied direkt anspechen und „ins Boot" holen.

Kränkung versus Wertschätzung

Arbeiten Menschen zusammen, kommt es unweigerlich auch zu Konflikten. Diese sind häufig mit Kränkungen verbunden, die eine Reaktionskette auslösen.

> *Kränkung fühlt man, wenn der eigene Anspruch auf Geltung, Wertschätzung, Achtung, Eitelkeit, Ehrgeiz oder der Respekt, den man erwartet, nicht erfüllt wird.*
>
> Dahmer

Kränkungen passieren sehr leicht und meist unbeabsichtigt. Ein vergessener Geburtstag, Zeitmangel für ein Treffen, eine unterlassene Einladung zu einer Teambesprechung oder die mangelnde Berücksichtigung bei einer Beförderung können eine kränkende Wirkung haben.

> *Gekränkt, beleidigt, oder verletzt wird man, wenn die Mitwelt die Werte, die man sich selbst zumisst, nicht wahrnimmt oder nicht würdigt.*
>
> Dahmer

Auch dem Gekränkten wird die Kränkung oft nicht bewusst, wie das Modell von W. Bodhidharma verständlich macht (siehe Kapitel 4 „Bewusstseinsebenen – Modell nach Bodhidharma"). Statt eine Kränkung zu fühlen, reagieren Menschen beispielsweise mit Rache, Rückzug, Mobbing, innerer Kündigung oder Dienst nach Vorschrift. Starke Kränkungen können Schmerz, Aggression und Scham auslösen.

Oft werden Gefühle von psychischem Schmerz verdrängt, weil sie unangenehm sind. Das kann auf Dauer oder bei starkem unverarbeiteten Schmerz zu Ängsten, Depressionen, Energielosigkeit und Handlungsunfähigkeit führen.

Reagiert eine Person auf eine starke Kränkung mit Aggression, kann sich diese direkt gegen den Kränkenden, gegen sich selbst oder gegen Unbeteiligte richten. Aggressionen können sich auch in bewusster oder unbewusster Verweigerung äußern oder in dem Bemühungen, Verbündete zu suchen.

Löst eine Kränkung Schamgefühle aus, kann es zu einer Verminderung des Selbstwertgefühls und der Kontaktfähigkeit kommen. Rachegefühle, Angst vor Misserfolg und eine Blockade der Kreativität können ebenfalls Folgen sein.

Wiederholte oder starke Kränkungen sind eine Zeitbombe, auch wenn sie unbemerkt erfolgen. So ist es zum Beispiel auffällig, dass ein Mitarbeiter kurz nach einer Abmahnung Firmeninterna ausplaudert und dies vorher jahrelang nicht getan hat. Der Ursachenzusammenhang zwischen der Kränkung durch die Abmahnung und einem Racheakt durch die Preisgabe von Firmengeheimnissen lässt sich zwar nicht nachweisen, liegt jedoch nahe.

Kränkungen können Gegenkränkungen zur Folge haben, die wiederum weitere Kränkungen auslösen können. Ein Kränkungszyklus entsteht. Aus diesem Teufelskreis finden die Beteiligten ohne professionelle Unterstützung von außen oft keinen Ausweg.

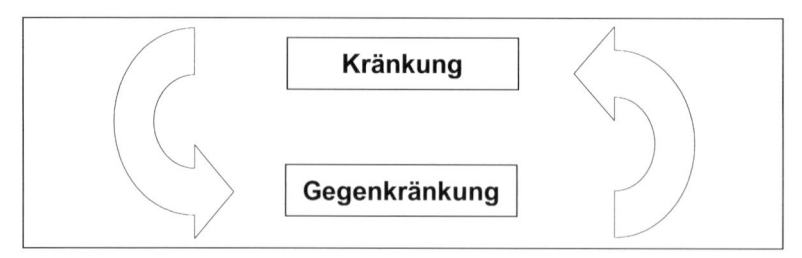

Abbildung 28: Der Kränkungszyklus

Menschen, die als Kind stark gekränkt wurden, tendieren als Erwachsene in ihrer Interaktion eher dazu andere Menschen zu kränken. Sie möchten den in ihrer Kindheit angestauten Schmerz nicht fühlen und wehren andere Menschen ab. Denn eine kleine Kränkung kann sie schon in Kontakt mit ihrem eigenen Minderwertigkeitsgefühl bringen. Ohne es zu bemerken, kränken sie andere ein Leben lang. Damit lösen sie als Reaktion bei anderen wiederum kränkendes Verhalten aus. Vor diesen Gegenkränkungen versuchen sie sich zu schützen und rechtfertigen damit ein Verhalten, das wiederum kränkend ist. Stark gekränkte Menschen befinden sich deshalb häufig im oben dargestellten Kränkungszyklus.

Menschen werden vergessen, was Sie ihnen gesagt haben, aber sie werden sich erinnern, wie sie sich durch Sie gefühlt haben.

Lösen Kränkungen Gefühlsreaktionen aus, werden diese von Außenstehenden oft als Überreaktionen und als unangemessen bewertet. Der Gekränkte selbst jedoch erlebt die Situation emotional wie ein Erlebnis in seiner Vergangenheit. Er projiziert seine Gefühle von früher in die akute Situation. Das kann bedeuten, dass er sich wie ein hilfloses Kind gegenüber den übermächtigen Eltern fühlt. Die Führungskraft wird plötzlich als Vater angesehen, der ungerechterweise straft.

In welcher Form auch immer sie erfolgt, die Verarbeitung von Kränkungen bindet im Arbeitsprozess Energie und Zeit des Betroffenen und reduziert die Leistungskapazität von Mitarbeitern. Deshalb ist es für Sie wichtig, sich für Kränkungen zu sensibilisieren und möglichst kränkungsfrei und wertschätzend zu kommunizieren. Wertschätzung bedeutet Anerkennung und Bestätigung. Wertschätzung drückt sich nicht nur verbal, sondern auch in Gestik, Mimik und Stimmlage aus. Bestärken Sie Ihre Mitarbeiter als Person und in ihren Fähigkeiten, erhöht das ihre Kooperations- und Leistungsbereitschaft. Dabei darf Wertschätzung nicht an der Sache oder der Person vorbeigehen oder übertrieben sein (siehe Abbildung 28).

Werschätzung ist wirkungsvoll, wenn sie personen- und situationsangemessen ist. Die untenstehende Tabelle zeigt, wie Wertschätzung in der Coachingpraxis funktioniert.

Kränkend	Wertschätzend
„Bei Ihren Leistungen in der letzten Zeit brauchen Sie unbedingt ein Coaching. Da sind wir uns alle einig. Sie müssen Ihre Schwächen ausmerzen, von Ihrem Loserimage wegkommen und in Zukunft Ihre Zielvorgaben erreichen."	„Sie sind einer der Zukunftsträger unserer Abteilung. Deshalb haben wir uns für Sie eine besondere Auszeichnung überlegt. Sie bekommen die Gelegenheit, von einem der anerkanntesten Spezialisten gecoacht zu werden. Uns ist es wichtig, dass Sie als High Potential unseres Unternehmens die Möglichkeit haben, Ihr wertvolles Potenzial weiter zu entwickeln."
„Mit diesem Coaching wollen wir vermeiden, dass Sie auch weiterhin mit Ihren Erfolgszahlen im unteren und mittleren Bereich herumkrebsen."	„Durch ein professionelles auf Sie abgestimmtes Coaching werden Sie Ihre Erfolge als Leiter eines starken Teams noch weiter ausbauen."
„Trotz jahrelanger Erfahrung haben Sie immer noch zu wenig Geschick und Kenntnisse in…. Das werden wir mit einem Coaching abstellen."	„Nach Ihrer vorbildlich schnellen und effektiven Einarbeitung, in der Sie bereits innovative Ideen zur Verbesserung von Unternehmensprozessen eingebracht haben, sind wir uns Ihres Potenzials sicher und möchten einen besonderen Beitrag zu Ihrer Weiterqualifizierung leisten. Wir lassen Ihnen ein maßgeschneidertes Coaching zugute kommen…"

Wertschätzung statt Kränkung nutzt allen Beteiligten. Denn kaum jemand bleibt von Kränkungen unbeeinflusst – im Unterschied zum Weisen in der folgenden Geschichte:

Gleichnis:

Es gab einmal einen König, der besuchte ab und zu einen Weisen, wenn dieser in der Gegend war. Jedes Mal kniete er demütig vor ihm nieder und stellte ihm in respektvoller Weise Fragen, auf die er vom Weisen hilfreiche Antworten bekam. Doch eines Tages fragte er sich: „Was mache ich eigentlich? Ich bin hier der König und kann mich wohl auch so verhalten". Als der Weise das nächste Mal kam, verbeugte er sich nicht vor ihm, sondern sagte zu ihm: „Du bist ein Schwein." Der Weise verneigte sich vor ihm und erwiderte: „Und Sie sind der König in diesem Königreich".

Ich-Botschaften

Die Lüge trennt den Lügner vom Belogenen und beide von der Wahrheit.

Sowohl Führungskräfte als auch Mitarbeiter äußern oft ein Bedürfnis nach mehr Ehrlichkeit und Offenheit im Unternehmen.

Abbildung 29: Wo Wertschätzung seine Grenzen hat

Dies wünschen sie sich von anderen und sie möchten selbst authentischer sein können. Doch befürchten sie gleichzeitig, dann andere zu kränken.

Dem Dilemma zwischen Authentizität und kränkungsfreier Kommunikation begegnen Ich-Botschaften. Sie ermöglichen ein Maximum an Offenheit und schließen Kränkungen weitestgehend aus.

Beispiele für Ich-Botschaften:

■ *Vater zum Kind:*
Du-Botschaft:
„Stör mich nicht immer!"
Ich-Botschaft:
„Ich bin müde von der Arbeit und will jetzt in Ruhe Zeitung lesen. Wenn ich dabei gestört werde, macht mich das ärgerlich. Ich möchte jetzt eine Stunde für mich allein sein."

■ *Mitarbeiter zum Vorgesetzen:*
Du-Botschaft:
„Schreiben Sie uns nicht immer alles vor, halten Sie uns für Idioten?"
Ich-Botschaft:
„Ich fühle mich in meinen fachlichen Fähigkeiten missachtet, wenn mir Details vorgeschrieben werden, die ich gut selbst entscheiden kann. Ich schlage vor, dass Sie mit mir die Ziele vereinbaren und mir freie Hand bei der Durchführung lassen. Ich kann so die besten Arbeitsergebnisse erreichen.

■ *Vorgesetzter zu seinen Mitarbeitern:*
Du-Botschaft:
„Sie haben schon wieder Briefe potentieller Kunden wochenlang liegen lassen. Sie ruinieren noch unser Unternehmen."

Abbildung 30: Mit Ich-Botschaften wäre das nicht passiert

Ich-Botschaft:
„Wenn ich höre, dass Briefe potentieller Kunden oft wochenlang unbeantwortet bleiben, regt mich das auf. Ich befürchte, dass wir dadurch Kunden verlieren und wirtschaftliche Einbußen erleiden. Mir ist es wichtig, dass wir einen prompten Service leisten.

Feedbackregeln und Johari-Fenster

Eine coachende Führungskraft wird ihren Mitarbeitern regelmäßig Feedback geben, damit sie wissen, woran sie fachlich und persönlich sind, wie sie wirken und auf welche Zukunftsperspektiven in der Firma sie sich einstellen können. Ebenso wird eine engagierte Führungskraft ihre Mitarbeiter um Feedback bitten.

Feedbackregeln

Damit Feedback optimal genutzt werden kann, haben sich folgende Feedbackregeln bewährt:

- Das Feedback erfolgt auf freiwilliger Basis.
- Die Beteiligten akzeptieren die Subjektivität des Feedbacks.
- Das Feedback erfolgt sinnesspezifisch (keine Interpretation, keine Unterstellungen).
- Das Feedback wird nicht als objektiv feststehende Wahrnehmung oder Meinung dargestellt, eigene Wahrnehmungen und Meinungen werden in Ich-Botschaften vermittelt.
- Der Feedback-Geber spricht nicht für andere, sondern nur für sich selbst.
- Der Feedback-Nehmer soll etwas mit dem Feedback anfangen können.

- Der Feedback-Nehmer soll sich nicht rechtfertigen müssen.

Derjenige, der Feedback gibt, kann sich an folgenden Fragen orientieren:

- Was habe ich wahrgenommen (gesehen, gehört, gefühlt)
- Was fand ich gut?
- Was hätte meines Erachtens mehr sein können?
- Was hätte aus meiner Sicht weniger sein können?
- Was braucht die Person nach meiner Meinung mehr/weniger, um in Zukunft erfolgreicher oder zufriedener sein zu können.

Johari-Fenster

Durch Feedback ebenso wie durch Coaching, Supervision und alle Arten von Selbsterfahrung können dem Feedback-Nehmer Eigenschaften, Verhaltensweisen und Persönlichkeitsanteile bewusster werden. Die blinden Flecken werden reduziert, Fremdbild und Selbstbild nähern sich an.

In dem von Joe Luft und Harry Ingham entwickelten Johari-Fenster ergeben die Aspekte *„mir (un-)bekannt"* und *„anderen (un-)bekannt"* die vier Möglichkeiten

- Bereich A: Freies Handeln
- Bereich B: Blinder Fleck
- Bereich C: Verbergen und Vermeiden
- Bereich D: Unbewusstes

Bereich A: Freies Handeln

Dieser Bereich ist jedem selbst und anderen bekannt. Die eigene Motivation, die eigenen Werte und Gewohnheiten sind transparent, freies Handeln ist möglich. Nichts muss verborgen werden. Der Betreffende ist eine öffentliche Person. In neuen Gruppen ist dieser Bereich meist klein und kann im Laufe der Zeit zunehmen.

Beispiel:
Alle wissen, dass Sie Bayern München Fan sind.

	Mir bekannt	Mir unbekannt
Anderen bekannt	Bereich A **Freies Handeln:** Mir und anderen bekannt	Bereich B **Blinder Fleck:** Anderen bekannt, mir nicht
Anderen unbekannt	Bereich C **Verbergen und Vermeiden:** Nur mir bekannt	Bereich D **Unbewusstes:** Weder mir noch anderen bekannt

Abbildung 31: Das Johari-Fenster von Joe Luft und Harry Ingham

Bereich B: Blinder Fleck

Der blinde Fleck ist anderen bekannt, der betreffenden Person jedoch nicht. Dieser Bereich wird oft nonverbal durch Gesten, Kleidung, Klang der Stimme, Tonfall usw. kommuniziert. Blinde Flecken können hinderlich sein, ohne dass die betreffende Person dies weiß. Hier klaffen Selbst- und Fremdbild auseinander.

Der blinde Fleck kann bewusst werden, wenn andere den Betreffenden darüber aufklären. Das geschieht jedoch oft nicht, da hierarchische Barrieren, gesellschaftliche Tabus oder die Unfähigkeit, Kritik anzunehmen oder zu geben, eine Aufklärung verhindern. In diesem Quadranten öffnet sich ein weites Feld für Unterstellungen, Vorurteile und Mobbing.

Beispiel:
Sie als Führungskraft glauben, dass Sie manchmal zu streng und zu autoritär sind. Ihre Mitarbeiter freuen sich über Ihre klaren Ansagen.

Bereich C: Verbergen und Vermeiden

Was vor anderen verborgen wird, können sachliche Informationen, Absichten, Erfahrungen oder Motive sein. Je nach Umfeld und Vertrauen wird mehr oder weniger aus diesem Bereich nach außen dringen. Auf Gruppen übertragen: Gruppeninternas sind den Gruppenmitgliedern bekannt, werden aber nicht nach außen getragen.

Beispiel:
Ein neuer Mitarbeiter fühlt sich fachlich weniger kompetent als seine Kollegen und verbirgt das vor den anderen.

Bereich D: Das Unbewusste

Das Unbewusste ist weder für andere noch für die betreffende Person transparent. In diesen Bereich fallen verborgene Talente und Fähigkeiten oder unbewusste Aversionen, unverarbeitete Erlebnisse aus der Vergangenheit, Glaubenssätze und Vorstellungen. Das Unbewusste zeigt sich nach Freud in Träumen, in Fehlleistungen, wie Versprechern oder unter Hypnose.

Beispiel:
Sie haben einen Mitarbeiter, der auf alles, was Sie sagen, mit Trotz und Abwehr reagiert. Er weiß nicht, dass Sie ihn an seinen verhassten Grundschullehrer erinnern. Emotional verwechselt er Sie mit seinem Lehrer und kann nicht kooperieren.

In manchen Situationen vermischen sich die unterschiedlichen Bereiche. So kann eine Person glauben, dass etwas, das sie verbergen möchte, nur ihr bekannt ist (Bereich C). In Wirklichkeit wissen es jedoch auch die anderen (Bereich A). Der Unterschied zu Bereich A liegt jedoch darin, dass der Betreffende nicht weiß, dass die anderen wissen. Die anderen wiederum wissen, dass der Betreffende nicht weiß, dass sie wissen. Typische Beispiele hierfür sind die vermeintlich heimliche Affäre am Arbeitsplatz und der regelmäßige Alkoholkonsum eines Mitarbeiters.

> **Praxistipp**
>
> Verwenden Sie das Johari-Fenster, wenn Ihr Coachee Schwierigkeiten hat Feedback zu akzeptieren oder Sie neue Seiten seiner Persönlichkeit aufzeigen wollen.

Aufgabe im Coaching ist es häufig, dem Coachee blinde Flecken bewusst zu machen und gleichzeitig dafür zu sorgen, dass er die neu entdeckten Seiten von sich akzeptiert. Hat der Coachee Schwierigkeiten, ein Feedback zu akzeptieren, kann das Johari-Fenster hilfreich sein.

Je vollständiger sich ein Mensch seines Handelns, seiner Motive und seiner Gesamtpersönlichkeit bewusst ist, desto umfassender ist er dazu in der Lage, andere Menschen zu erkennen und entsprechend ihren Fähigkeiten zu fördern. Wo blinde Flecken oder das Unbewusste überwiegen, lauern Missverständnisse, Irrtümer oder Ineffizienz. Coaching, Supervision, Verwertung von Feedback und alle Arten der Selbsterfahrung vergrößern die Bereiche A und C und verkleinern entsprechend die anderen.

Kritik in Feedback umwandeln

Auch wenn Sie selbst und Ihr Team sich an die oben genannten Feedbackregeln halten, wird Ihr Mitarbeiter möglicherweise mit Feedback konfrontiert, das nicht kränkungsfrei ist. Dann kann es als Führungskraft und Coach Ihre Aufgabe sein, ihn wieder aufzubauen und vor allem, ihm die Aspekte zugänglich zu machen, die sich als nützliche Hinweise in der Kränkung verbergen.

Um Kritik in nützliches Feedback zu verwandeln, ist folgende Vorgehensweise hilfreich:

1. Wiederholte Wahrnehmung der konkreten Situation

Der Coachee stellt sich die kritische Situation aus seiner Vergangenheit vor und begibt sich noch einmal ganz in das hinein, was er damals gehört, gesehen und gefühlt hat. Oft werden hierbei Dinge wahrgenommen, die dem Betreffenden in der damaligen realen Situation entgangen waren. Dabei hat er seinen Platz geankert – auf einem Stuhl oder mit einer Moderationskarte auf dem Boden.

2. Kritik anhören

Nun tritt er einen Schritt zur Seite und stellt sich vor, dass er sich in einer möglichst neutralen Situation befindet, aus der heraus er mit Abstand auf sich selbst schauen kann (Metaposition). Auch diese Position wird geankert. Er visualisiert sich in der kritischen Situation und erhöht die Fähigkeit, Kritik annehmen zu können. Das versetzt ihn in die Lage, selbst zu entscheiden, ob an der Kritik etwas Wahres dran ist oder nicht. Je weiter er sich gegenüber seinen Gefühlen distanziert, desto mehr verliert die Kritik an Schärfe.

3. Die eigenen Ressourcen

Von dieser Metaposition aus kann der Coachee sich in die Situation hinein selbst Ressourcen schicken. Das können wohlmeinende Worte eines Mentors sein oder persönliche Erkenntnisse, die er in der Zukunft haben wird. Er kann die Kritik auch reframen (siehe Kapitel 6 „Perspektivenwechsel")

Abbildung 32: Der Coach baut den Coachee bei Niederlagen wieder auf

oder sich in die Position der anderen Person versetzen. Ist das von der Kritik ausgelöste Gefühl nicht sehr stark, kann dieser Schritt übersprungen werden.

4. Nützliches vom Unnützem trennen

Der Coachee begibt sich mit seinen Ressourcen und Erkenntnissen in die kritische Situation hinein. Mit Hilfe des Coachs überprüft der Coachee: Wie würde er jetzt dieselbe Kritik erleben? Was kann er sich davon als konstruktives Feedback zunutze machen? Was passt nicht? Welche Ressourcen braucht er noch?

5. Transfer in die Praxis

Der Coachee beantwortet folgende Fragen: Was wollen und können Sie von dem Nützlichen an der Kritik in Ihrem Leben umsetzen? Wie kann das passieren? Welche Konsequenzen wird das auf andere Lebensbereiche haben? Gibt es Einwände dagegen?

Coaching mit Werten

Werte haben Einfluss auf Einstellungen, Ansichten und das Verhalten von Menschen. In jede Entscheidung, in sämtliche Handlungen fließen Werte ein und drücken sich darin aus. Besteht Zufriedenheit mit einer Situation oder dem Leben, stimmen die Werte des Betreffenden mit seiner Lebens- oder Arbeitssituation überein. Umgekehrt kann es daran liegen, dass sich Werte im Leben nicht verwirklichen, wenn jemand unzufrieden ist. Sich Klarheit über die eigenen Werte zu verschaffen, kann auch für Ziele und Entscheidungen wegweisend sein.

Fehlen einem Menschen Werte, gehen auch Arbeitsmotivation, die Bereitschaft zur Übernahme von Verantwortung und das Ausfüllen von Rollen verloren. Dies kann so weit gehen, dass das gesamte Leben als sinnlos empfunden wird, eins der typischen Kennzeichen des Burn-out-Syndroms. Umgekehrt ist die Motivation eines Mitarbeiters hoch, wenn er seine Werte in seiner Tätigkeit verwirklichen kann und er sich in den gelebten Werten des Unternehmens wieder findet.

Werte sind beispielsweise:
Erfolg, Spaß, Gesundheit, Qualität, Prestige, Familientradition, Teamgeist, Macht, Freiheit, Sicherheit, Geld, Liebe, Einfluss, Genuss, Freizeit, Zeit für Hobbys, Reisen, Beziehungen, Abwechslung, Lernen, Ernährung, Herausforderung, Regelmäßigkeit, Zugehörigkeit, Ruhe, Unabhängigkeit und Natur.

Wertehierarchien

Problematischer als das Nennen von Werten, die viele Menschen teilen, ist das Herausfiltern von Prioritäten. So ist für eine Person Anerkennung und Kontakt mit Menschen wichtiger als ein höheres Gehalt. Einem anderen Menschen hingegen ist der finanzielle Vorteil wichtiger.
Um eine Hierarchie zwischen den Prioritäten zu entwickeln, eignet sich folgendes Modell (siehe Abbildung 32):

■ Bitten Sie Ihren Coachee, dass er in die zweite Spalte von links seine Werte untereinander schreibt, beispielsweise zehn. Die Prioritäten spielen (noch) keine Rolle.

■ Bitten Sie dann Ihren Coachee, jeden Wert mit jedem zu vergleichen. Im Beispiel unten müsste er sich nun also entscheiden, ob Entfaltungsmöglichkeit für ihn Priorität hat vor Sicherheit oder umgekehrt. Der Buchstabe mit dem bevorzugten Wert wird in das Kästchen eingetragen. Gehen Sie entsprechend mit allen Werten vor.

■ Zählen Sie nun die Anzahl der gewählten Buchstaben und notieren Sie deren Gesamtzahl in der zweiten Spalte von rechts.

■ Bestimmen Sie anhand der Gesamtzahlen den Rang mindestens der ersten drei Werte und notieren Sie ihn in der rechten Spalte.

Entwickeln Sie im Dialog mit Ihrem Mitarbeiter, was für ihn die einzelnen Werte bedeuten. Worin zeigen sie sich, wie verwirklicht er sie bis jetzt, wo und mit wem kann er sie in Zukunft umsetzen. In der Praxis besteht ein enger Zusammenhang zwischen Werten und Rollen, so dass auch sie durchleuchtet und mit angesprochen werden sollten. Stehen Entscheidungen an, können Sie mit Ihrem Mitarbeiter durchspielen, wie sein Leben aussähe, wenn er die Entscheidung x trifft. Inwieweit ließen sich seine Werte verwirklichen, wie würde das konkret verlaufen usw. Danach spielen Sie dasselbe Szenario mit ihm durch unter der Prämisse, dass er die Alternativentscheidung trifft. Die Erfahrung zeigt, dass eine solche Werteanalyse tiefgrei-

Werte (Beispiele)										Gesamt Zahl	Rang
A Entfaltungsmöglichkeit											
B Sicherheit	A oder B										
C Kontakt zu Menschen	A oder B	B oder C									
D Neues Lernen	A oder B	B oder D	C oder D								
E Fairness	A oder E	B oder E	C oder E	D oder E							
F Teamarbeit	A oder F	B oder F	C oder F	D oder F	E oder F						
G Stil	A oder G	B oder G	C oder G	D oder G	E oder G	F oder G					
H Eigenverantwortung	A oder H	B oder H	C oder H	D oder H	E oder H	F oder H	G oder H				
I Ehrlichkeit	A oder I	B oder I	C oder I	D oder I	E oder I	F oder I	G oder I	H oder I			
J Perspektive	A oder J	B oder J	C oder J	D oder J	E oder J	F oder J	G oder J	H oder J	I oder J		

Abbildung 33: Tabelle zum Herausarbeiten der Wertehierarchie

fende Erkenntnisse bei den Betroffenen hervorrufen kann und sich die Entscheidungen oft wie von selbst ergeben.

Wertequadrat von Schulz von Thun
Viele Menschen machen die Erfahrung, dass ihnen Werte im Weg stehen. Sie fühlen sich beispielsweise im Nachhinein ausgenutzt und bereuen ihre Großzügigkeit, beschimpfen sich als zu gutmütig und schwören sich, von nun an egoistischer zu sein.

Mit dem Wertequadrat von Schulz von Thun (Miteinander Reden Band 2) fällt es leichter, individuell stimmige Wertmaßstäbe und eine passende Balance herauszufinden. Dies ist insbesondere dann hilfreich, wenn in Entscheidungssituationen verschiedene Werte miteinander konkurrieren. Dabei wird – in Anlehnung an Aristoteles („Nikomanische Ethik") – davon ausgegangen, dass jede Tugend als „der goldene Mittelweg" zwischen zwei fehlerhaften Extremen zu bestimmen

84 | Effektive Coachingwerkzeuge

```
Wert:              Wert:
Sparsamkeit  <-->  Großzügigkeit
    |                  |
    v                  v
Extrem:            Extrem:
Geiz               Verschwendungssucht
```

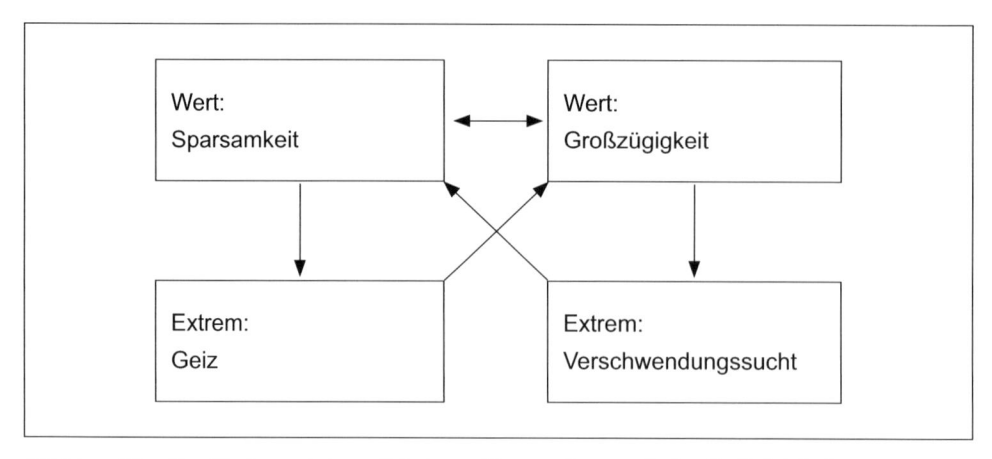

Abbildung 34a: Das Wertequadrat von Schulz von Thun zu Sparsamkeit – Großzügigkeit

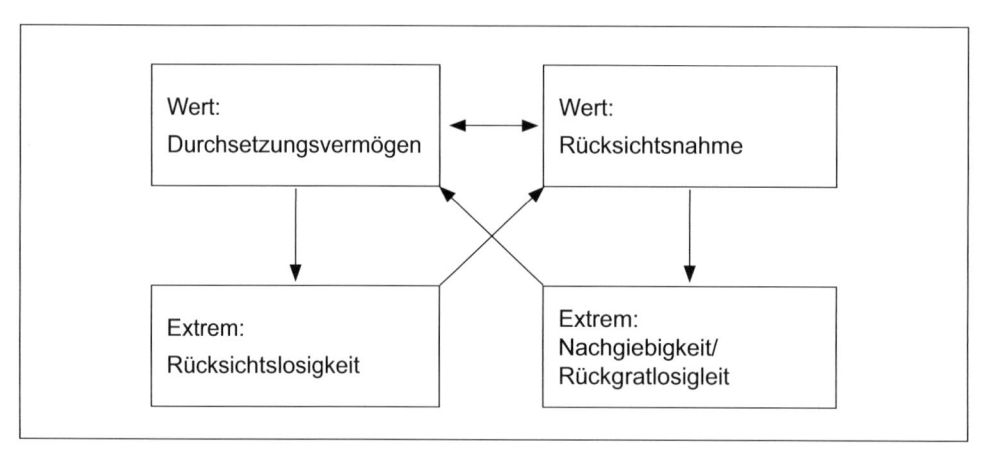

```
Wert:                     Wert:
Durchsetzungsvermögen  <-->  Rücksichtnahme
    |                         |
    v                         v
Extrem:                   Extrem:
Rücksichtslosigkeit       Nachgiebigkeit/
                          Rückgratlosigleit
```

Abbildung 34b: Das Wertequadrat von Schulz von Thun zu Durchsetzungsvermögen – Rücksichtnahme

```
Wert:              Wert:
Struktur      <-->  Spontanität/
                    Improvisation
    |                  |
    v                  v
Extrem:            Extrem:
Erstarrung         Chaos
```

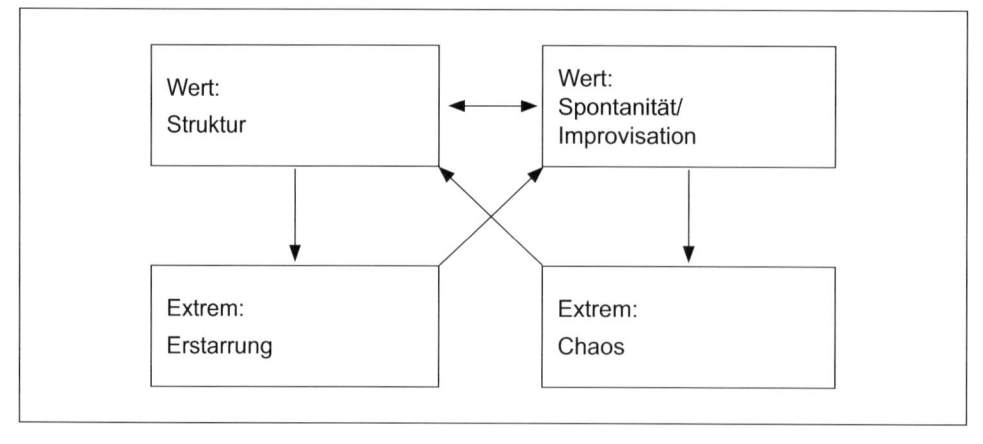

Abbildung 34c: Das Wertequadrat von Schulz von Thun zu Struktur – Spontanität/Improvisation

ist. Danach hat jeder negative Wert einen positiven Gegenwert, zum Beispiel Sparsamkeit und Großzügigkeit. Jede Wertvorstellung hat eine extreme Ausprägung, zum Beispiel Geiz und Verschwendungssucht. Dies ergibt das Wertequadrat, das auf der gegenüberliegenden Seite gezeigt wird.

Von besonderem Nutzen ist das Wertequadrats, wenn eine Eigenschaft als zu extrem empfunden wird. Beispielsweise kommt eine Person nicht mit Veränderungen zurecht, hält zu sehr an Gewohntem fest und ist in ihren Denk- und Handlungsvorgängen erstarrt. „Erstarrung" enthält aber auch positive Aspekte, denn sie ist das Extrem von Struktur und Ordnung und kann darüber wertgeschätzt werden. So dient das Wertequadrat gleichzeitig als Orientierung, Maßstab und Abgrenzung zu den unerwünschten Extremformen.

Transaktionsanalyse

Zeigt ein Mitarbeiter wiederkehrende Verhaltensmuster, die nicht zum gewünschten Ergebnis oder einer effektiven Kommunikation führen, so kann die Transaktionsanalyse weiterhelfen. Dieses Modell von Eric Berne („Spiele der Erwachsenen") geht von der Prämisse aus „Du bist ok, ich bin ok" und arbeitet mit drei Ich-Zuständen:

Das Eltern-Ich
Hiermit werden die Normen umfasst, die wir von Eltern, Schule oder anderen Autoritäten übernommen haben. Aus dem Eltern-Ich heraus bevormunden wir andere, sagen ihnen, was sie zu tun und zu lassen haben, beurteilen und missbilligen wir Verhalten oder sind fürsorglich, beschützen oder bemuttern andere Menschen.

Das Erwachsenen-Ich
ist der reife Anteil in uns und kann Situationen weitestgehend sachlich und objektiv sehen. Kommunizieren wir aus unserem Erwachsenen-Ich, behandeln wir unser Gegenüber gleichwertig, respektvoll und sind sachlich-konstruktiv.

Das Kind-Ich
ist das Kind in uns, das wir einmal waren und das in uns weiterlebt. Aus diesem Kind-Ich heraus können wir uneinsichtig oder trotzig reagieren, sind albern oder unsicher. Auch Verspieltheit, Phantasie, Neugierde und Lerneifer können hieraus erwachsen.

Mangelt es einem Mitarbeiter beispielsweise an Selbstbewusstsein und stellt er andere auf ein Podest, so dass er sich nicht mehr als gleichberechtigter Verhandlungspartner fühlt, handelt er möglicherweise aus dem Kind-Ich. Er fühlt sich von der anderen Person dominiert und bevormundet, kennt jedoch nicht die Ursache und kann sein Muster nicht ändern.

Wird ein Mitarbeiter von anderen gemieden und als arrogant angesehen, kann es sein, dass er häufig aus dem Eltern-Ich kommuniziert. Er aktiviert dann automatisch das Kind-Ich in ihnen. Sie fühlen sich unwohl und meiden die Person. Beiden sind die Hintergründe in der Regel nicht bewusst. In der

Kommunikation sind die drei Ich-Zustände frei kombinierbar. Beispiele:

■ **Eltern-Ich spricht zu Kind-Ich, Kind-Ich antwortet Eltern-Ich**
Kollege zum anderen: „Sag mal, wieso arbeitest du eigentlich immer noch an dieser Sache?" Kollege fühlt sich wie ertappt und antwortet trotzig aus dem Kind-Ich heraus: „Was geht dich das an" oder rechtfertigt sich „Bin gleich fertig" oder „Es ist was dazwischengekommen".

■ **Eltern-Ich spricht zu Kind-Ich, Eltern-Ich antwortet Kind-Ich**
Kollege zu Kollege: „Was haben Sie sich eigentlich dabei gedacht?"
Kollege zu Kollege: „Und was denken Sie sich dabei, so mit mir zu reden?":

■ **Erwachsenen-Ich kommuniziert mit Erwachsenen-Ich und umgekehrt**
Vorgesetzter zu Mitarbeiter: „Der nächste Termin für unser Teammeeting ist am … Es kommen …"
Mitarbeiter zu Vorgesetztem: „Vielen Dank, das werde ich mir gleich notieren."

■ **Erwachsenen-Ich spricht mit Erwachsenen-Ich, Kind-Ich antwortet Eltern-Ich**
Chef an Mitarbeiter: „Der Kunde X möchte, dass wir den Auftrag bis … erledigt haben."
Mitarbeiter zu Chef: „Immer landen die Sachen bei mir, aber mich fragt ja keiner."

Transaktionen finden häufig verdeckt statt. Sagt beispielsweise ein Kollege zum anderen: „Das ist der dritte Kaffee, den du dir heute holst", wirkt das auf den ersten Blick wie eine Aussage eines Erwachsenen-Ichs an ein anderes Erwachsenen-Ich. Erfolgt dies jedoch in einem unterschwellig missbilligenden Ton, kann hierin ein Vorwurf des Eltern-Ichs an das Kind-Ich liegen und eine Ermahnung, nicht so viel Kaffee zu trinken. Verdeckte Transaktionen erkennt man am Tonfall des Sprechers und an seiner Körpersprache.

Für Sie als Führungskraft und Coach kann es hilfreich sein, die Kommunikation Ihrer Mitarbeiter unter diesen Gesichtspunkten zu analysieren. Sie können ihnen mit Hilfe des Modells entsprechendes Feedback geben und bei Bedarf beispielsweise mit ihnen trainieren, mehr aus dem Erwachsenen-Ich zu handeln.

Die Transaktionsanalyse kann auch für die Haltung des Mitarbeiters zum Unternehmen und seine Motivation aufschlussreich sein. Der Schwerpunkt des Mitarbeiters kann darauf liegen, versorgt zu werden (Kind-Ich) oder in adäquater Weise Leistung gegen Gegenleistung zu messen (Erwachsenen-Ich). Er kann jedoch auch die Haltung haben, alles besser zu wissen und Kollegen und Vorgesetzten vorschreiben zu wollen, was richtig und was falsch ist (Eltern-Ich).

Durch die Transaktionsanalyse wird es leichter, sich eingefahrener Verhaltensmuster bewusst zu werden. Interaktionen können transparent gemacht und der oft unbewusste Automatismus von Verhaltensmustern kann unterbrochen werden.

Das Grundverständnis der Transaktionsanalyse, dass eine Kommunikationssituation immer von zwei oder mehr Personen kreiert wird, motiviert einerseits zu einer erhöhten Selbstreflexion, zum Beispiel über eingefahrene Reiz- und Reaktionsschemata und zu Veränderungen bei sich selbst. Andererseits erlaubt es auch eine andere Sichtweise auf das Gegenüber und auf die in der Kommunikation zum Ausdruck kommende Beziehung. Es hilft, aus standardisierten Mustern auszusteigen, die sonst zu Konflikten und Eskalationen führen könnten.

Das innere Team

Zwei Seelen wohnen ach in meiner Brust
Goethe, Faust

Menschen haben oft sich widersprechende Bedürfnisse und Wünsche. Einerseits möchte jemand noch einen Aufgabenkomplex beenden, bevor er das Büro verlässt, andererseits zieht es ihn schon jetzt nach Hause zur Familie oder in den Biergarten. Oft gibt es auch mehr als zwei Anteile im Inneren eines Menschen, die widersprüchliche Wünsche und Bedürfnisse anmelden. Vor allem, wenn es um wichtige Entscheidungen geht, rasen oft verschiedene Stimmen durch den Kopf und vor lauter Bäumen ist der Wald nicht mehr zu sehen.

In einer solchen Situation kann das Modell vom inneren Team von Friedemann Schulz von Thun, der damit auch im Businessbereich sehr erfolgreich ist, hilfreich sein. Hier erhalten alle Anteile der betreffenden Person einen Namen und wird ihnen Gehör geschenkt. Die Befürworter, Bedenkenträger, Moralisten, Dominanten, Unterdrückten oder Antreiber, jeder kommt zu Wort und darf sämtliche Argumente, Motive, Absichten und Interessen beim inneren Konfliktmanagement äußern. Dies führt am Schluss zu einer klaren Entscheidung, mit der alle inneren Teammitglieder zufrieden sind.

Beispiel 1: Die Führungskraft Herr Wagner ärgert sich immer wieder über den völlig chaotischen Mitarbeiter Herrn Schmidt. An dessen Arbeitsplatz herrscht das absolute Chaos. Weder Herr Wagner noch andere Mitarbeiter finden etwas auf seinem Schreibtisch, wenn er außer Haus ist. Wegen seines Gesamterfolges bezeichnen die Kollegen Herrn Schmidt jedoch als den genialen Chaoten. Herrn Wagner ärgert das Ganze jedoch, da er ihn schon drei Mal aufgefordert hatte, seinen Arbeitsplatz zu ordnen und sein eigener Vorgesetzter kürzlich die Bemerkung hatte fallen lassen, ob er seine Jungs nicht im Griff habe.

Herr Wagner lässt sich zu dem Thema coachen. Nach und nach werden die folgenden inneren Teammitglieder herausgearbeitet:

__Der Prinzipientreue__: Ein Arbeitsplatz hat einfach nicht so auszusehen.

__Der Gekränkte__: Der Mitarbeiter ignoriert mich, er nimmt mich als Führungskraft nicht ernst.

Der Praktische: Ist er außer Haus, muss jeder bei ihm Unterlagen finden können.

Der Erzieher: „Das muss ich ihm beibringen."

Der Tolerante: Es gibt viele Arbeitsstile und im Ergebnis leistet er ja gute Arbeit.

Der Ärgerliche: Eine Zumutung, allein schon der Anblick. Das nimmt sich keiner raus, was bildet der sich ein!

Der Gefallmensch: Das fällt auf mich zurück, was sollen meine Kollegen und Kunden von mir denken. Aber vor allem vor meinem Chef muss ich gut dastehen, damit meine Karriere nicht leidet.

Der Chaot: Ich käme auch gerne mehr zum Zuge, darf aber nicht leben.

Der Coachee hatte in diesem Fall eine Hilfestellung dazu erwartet, wie er den Mitarbeiter ändern kann. In diesem ersten Schritt entdeckte er jedoch zu seiner großen Überra-

Abbildung 35 von Jakob Werth zu Beispiel 1: Das innere Team der Führungskraft zum Thema Chaos eines Mitarbeiters

schung auch einen Chaoten als Teammitglied in seinem eigenen inneren Team.

Beispiel 2: *Frau Fischer, Führungskraft mit vier Mitarbeitern in einem modernen Unternehmen bekommt eine Stelle in einem anderen Unternehmen angeboten. Sie wäre dort für zwölf Mitarbeiter zuständig, bekäme ein höheres Gehalt und würde langfristig an übergeordneten Entscheidungen beteiligt. Im Grunde ist es genau der Job, den die junge Frau seit langem sucht. Doch sie zögert seit Tagen die Zusage hinaus.*

Im Laufe des Coachings kristallisieren sich folgende innere Teammitglieder heraus:

Die Begeisterte: *Ja zum neuen Job, mehr Mitarbeiter, Karrieresprung, eventuell bessere Möglichkeiten für eine selbständige Berufstätigkeit*

Die Moralische: *Ich darf mich nicht aufwändig einarbeiten lassen, wenn ich bald wieder gehe.*

Abbildung 36 von Jakob Werth zu Beispiel 2: Das innere Team einer Führungskraft zum Thema neuer Job

Die Genießerin: Im jetzigen Job kann ich wegen der Gleitzeit ausschlafen. Das kann ich bei Selbstständigkeit auch.

Die Finanzministerin: Das höhere Gehalt würde durch die erhöhten Fahrtkosten aufgefressen.

Die Kritikerin: Einiges am Job gefällt mir nicht. Vor allem ist das neue Unternehmen technisch rückständig. Es gibt keine Gleitzeit. Ich bezweifele, ob der neue Job wirklich ein Sprungbrett ist.

Die Karrierefrau: Ich will Fortschritt, nicht Rückschritt.

Die Wächterin: Ich passe auf, dass der neue Job wirklich nur vorübergehend ist.

Die Freiheitsliebende: Ich will mich selbständig machen und will mir nichts sagen lassen. Andere Autoritäten erkenne ich nicht an, ich will selbstbestimmt leben.

Die Neugierige: Lust auf Neues finde ich nicht im neuen Job, sondern in der Selbstständigkeit.

Die sozial Beständige: Ich will meine Kolleginnen und Kollegen nicht verlieren.

Das Ja steht in diesem Fall zwar zentral, jedoch völlig ohne Unterstützung da. Die anderen Teammitglieder bestärken sich gegenseitig. Wächterin, Neugierige, Freiheitsliebende, Genießerin, Karrierefrau und Kritikerin kämen zumindest auf Dauer nur in der Selbstständigkeit auf ihre Kosten. Und dem schlechten Gewissen widerstrebe ebenfalls ein Ja. Interessant ist hier auch, dass das Ja umgeben ist von Bedenkenträgern und anderen Gegenspielern, als würden sie darauf achten, dass es nicht in die Welt tritt.

Um die einzelnen Teammitglieder und ihre Kernaussagen zu erkennen, eignen sich generell folgende Fragen an den Coachee:

- Was fühlen Sie, wenn Sie an dieses Thema denken?
- Nehmen wir an, was Sie gerade gesagt haben, ist die Aussage eines Ihrer Teammitglieder, was hat es noch zu sagen?
- Wie würden Sie dieses Teammitglied bezeichnen oder nennen?
- Wovor will es Sie schützen?
- Welche Aufgabe hat dieses Teammitglied in Ihrem Team?
- Wenn das was Sie sagen von einem anderen Teammitglied stammt, was hat es noch zu sagen?
- Und wie würden Sie dieses Teammitglied dann nennen?

Wie auf den obigen Zeichnungen kann der Coachee auf einem großen Blatt Papier oder einem Flipchart die Skizze seiner Person zeichnen. In diese hinein werden dann die kleineren Teammitglieder mit Namen eingezeichnet und mit ihrer Kernaussage versehen.

Schon das Herausarbeiten der einzelnen inneren Teammitglieder und ihrer Kernaussagen kann eine Brücke zu mehr Klarheit sein. Die eigenen Widersprüchlichkeiten, Rollenkonflikte und Entscheidungsprobleme können besser erkannt werden. Die Person kann Seiten an sich entdecken und schließlich akzeptieren, die sie bisher abgelehnt hatte. Denn die Praxis zeigt, dass Menschen oft das, was sie bei anderen verurteilen, als eigenen Persönlichkeitsanteil leugnen.

Eine Führungskraft hat es danach mit zwei Teams zu tun, dem Inneren und dem Äußeren. Häufig werden Parallelen zwischen beiden festgestellt, wobei das äußere Team das Innere spiegelt. Probleme im Außenteam sind auch Probleme des inneren Teams. Die Arbeit mit diesem Modell kann eine abenteuerliche Entdeckungsreise in die eigenen, noch unbekannten Persönlichkeitsanteile sein und positive Veränderungen im Außen zur Folge haben.

> *Wer bin ich und wenn ja wie viele?*
> Unbekannter Herkunft

Nachdem das innere Team aufgestellt ist, verhandeln die Teammitglieder miteinander. Dieser nächste Schritt erfordert viel Erfahrung mit diesem Modell und seine Beschreibung würde den Rahmen dieses Praxisleitfadens sprengen.

Metaphern

Metaphern sind Geschichten, bildhafte Vergleiche oder Sinnbilder. Mit ihnen können Botschaften in indirekter Form mitgeteilt werden. Laut wissenschaftlichen Untersuchungen benutzt der Mensch vier Metaphern pro Minute. Sie können aus allen Bereichen stammen: Natur, Sprichwörter, Berufswelt, Hobbys, Tierwelt usw.

Metaphern müssen sich weder direkt auf die Person beziehen noch deren Probleme direkt benennen. Sie können zu Katalysatoren werden, indem der Zuhörer einer Geschichte das entnimmt, was zu seinem Weltbild passt. Eine Metapher ist sehr wirksam, denn sie

- sagt viel in Kürze aus (Ein Bild sagt mehr als tausend Worte)
- ist lebendig und unterhaltend
- spricht Urinstinkte an – kollektiv und archetypisch
- ist allgemein verständlich
- spricht die gesamte Person an (Lektionen für die Seele)
- berührt tiefe Emotionen

Komplexere Metaphern können ganze Gleichnisse, Allegorien, Parabeln, Fabeln und Märchen sein.
Einfache Metaphern sind zum Beispiel:
- eine Brück bauen
- etwas verdauen
- Türen öffnen
- schwer wie Blei
- ausgebrannt sein
- den Horizont erweitern
- kleine Brötchen backen
- im Dunkeln tappen
- in Arbeit ertrinken
- auf Messers Schneide
- einen Höhenflug haben

Abbildung 37: Metapher: Ein gutes Team zieht an einem Strang

Wenn Sie als Führungskraft Ihre Mitarbeiter motivieren wollen, kann die Verwendung von Metaphern mehr Wirkung zeigen als trockene Zahlen und Diagramme. Für ein Unternehmen eignen sich beispielsweise folgende Metaphern:

▪ Ein Unternehmen ist ein Organismus, in dem jeder Mitarbeiter wie ein Organ im Körper eine bestimmte Funktion hat. Alle Mitarbeiter werden gebraucht, keiner ist überflüssig. Ist im Körper zum Beispiel die Leber kaputt, zerstört dies auf Dauer auch alle anderen Organe.

▪ Eine Zusammenarbeit funktioniert wie ein Uhrwerk, bei dem jedes Zahnrad seine Bedeutung hat und hundertprozentig passen muss.

▪ Wir alle sitzen im selben Boot. Gemeinsam haben wir viele gute Jahre erlebt. Der Wind stand günstig und das Boot konnte leicht über das Meer gleiten. Die Mannschaft war ein gutes Team und der Kapitän konnte den richtigen Kurs halten. Seit einiger Zeit bläst der Wind ungestüm in die Segel. Stürmische Zeiten stehen bevor. Doch wenn wir alle zusammenhalten, bleiben wir eine gute Mannschaft, passen uns den Umständen an und werden die neue Herausforderung meistern.

Selbstmanagement und R.E.L.A.X.*

*Die Registrierung von R.E.L.A.X. als Wortmarke ist beim Deutschen Patent- und Markenamt beantragt.

Mit der R.E.L.A.X. – Formel ist es leichter, sich in einen optimalen inneren Zustand zu bringen. Dies ist für Sie als Führungskraft ebenso wichtig wie für Ihre Mitarbeiter. Die Buchstaben R E L A X sind dabei auch Erinnerungshilfen.

Ressourcen

Ressourcen im Außen sind zum Beispiel erfolgreiche Situationen in der Vergangenheit, die Sicherheit über die eigenen fachlichen und persönlichen Fähigkeiten, die Verfügbarkeit von Wissen, Präsenz und Schlagfertigkeit, inspirierende Menschen, ein schönes Ambiente oder angenehme Musik. Erinnern sich Menschen an positive Erfahrungen, Situationen des Glücks oder der inneren Erfüllung, verhilft dies zu einem ressourcevolleren Zustand. Allein schon der Erfolg, sich trotz übervollem Terminkalender zeitliche Freiräume zu schaffen, kann eine Ressource darstellen. Auch eine gute Vorbereitung für ein Gespräch kann dem Betreffenden für die konkrete Situation zusätzliche Ressourcen in Form von Ruhe, Sicherheit oder Souveränität geben.

Die Kunst, selbst positiv auf die eigene innere Verfassung einzuwirken, ist sehr nützlich. In manchen Situationen stehen Fähigkeiten, die zu einer anderen Zeit und in einem anderen Zusammenhang vorhanden waren, nicht zur Verfügung. So kann es sein, dass jemand unter Kollegen und Kunden frei sprechen kann. Sobald jedoch sein Chef den Raum betritt oder er eine Präsentation vor einem Fachgremium geben muss, bildet sich ein Kloß in seinem Hals. Er bringt kein vernünftiges Wort mehr heraus.

Bei solchen Blockaden kann bereits ein Schritt zur Seite hilfreich sein. Mit körperlicher Bewegung erhöht sich die geistige und emotionale Flexibilität. Ressourcefördernd ist es auch, sich zu fragen, welche Fähigkeiten zur Bewältigung einer solchen Situation nützlich sind. Dies mag zum Beispiel

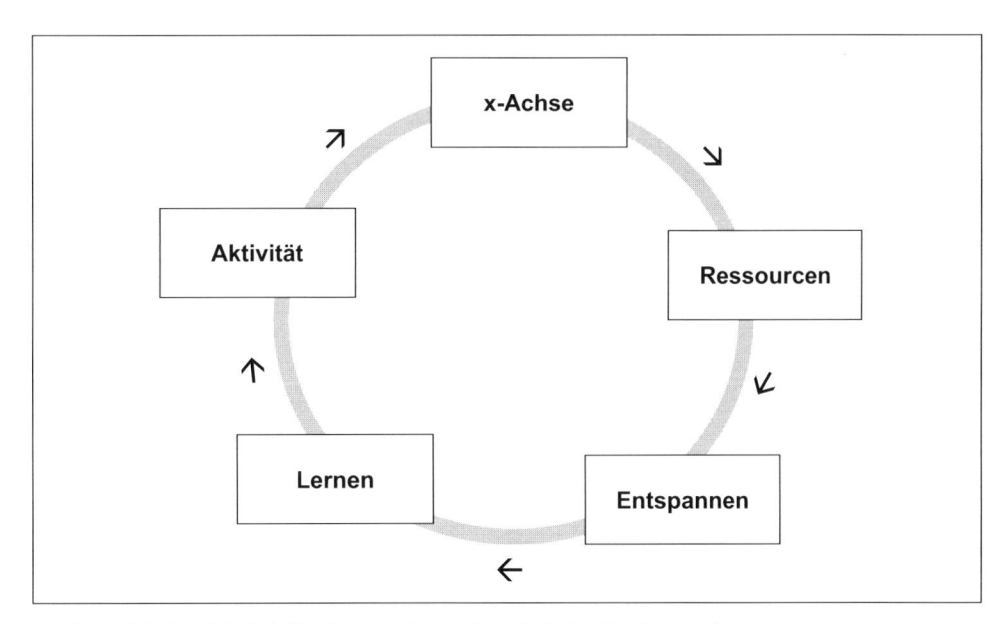

Abbildung 38: Der R.E.L.A.X. – Prozess kann wiederholt durchlaufen werden

die Ressource *innere Ruhe* sein. Die Erinnerung an die Ressource innere Ruhe erhöht die Chance, dass der Betreffende in der akuten Situation darüber verfügen kann.

Wissenschaftliche Forschungen im Bereich der Neurologie haben ergeben, dass die Vorgänge im Gehirn bei der reinen Vorstellung von Erleben fast identisch sind mit denen während einer wirklichen Erfahrung. Deswegen kann es auch eine stärkende Wirkung haben, wenn jemand zum Beispiel einen geistigen Mentor visualisiert, an Stärken von anderen Menschen denkt oder sich von Märchen- und Phantasiefiguren inspirieren lässt.

Starke Ressourcen erhöhen die Souveränität, vergrößern die Wahlmöglichkeiten für Verhalten, verbessern das Selbstwertgefühl, die eigene Lebensqualität, das Durchsetzungsvermögen und die Überzeugungskraft anderen Menschen gegenüber.

Entspannen
Entspannt sein heißt, wach und flexibel zu sein und gleichzeitig mit beiden Beinen auf dem Boden zu stehen. In dem Zustand wacher Flexibilität sind Menschen vergleichbar mit einer Katze, die entspannt und aufmerksam auf der Lauer liegt. Dann können auch bei Stress und Hektik im Berufsalltag die eigenen Gefühle, Bedürfnisse und Interessen sowie die der anderen in angemessener Art und Weise berücksichtigt werden.

Wer auf Dauer etwas für seine Entspannung tun möchte, sollte eine Entspannungstechnik erlernen wie Autogenes Training, Progressive Muskelrelaxation, Yoga oder eine Meditationsform. Langfristig schützt eine ausgewogene Balance zwischen Entspannung und Anspannung vor ungesundem Stress und einem Burn-out. Empfehlen Sie bei Bedarf Ihrem Mitarbeiter, sich eine solche Entspannungstechnik anzueignen.

Abbildung 39: Enspannt lösen Sie Probleme am besten

Lernen
Lernen ist bei vielen Menschen durch Erlebnisse während der Schulzeit negativ besetzt. Dabei wird häufig außer Acht gelassen, dass Lernen viel umfassender ist als das, was in Bildungseinrichtungen vermittelt wird. Ob kognitives Lernen, soziales Lernen, emotionales Lernen – der Mensch lernt in jeder Sekunde seines Lebens. Jede Veränderung birgt einen Lernprozess in sich. So befinden sich Menschen in einem ständigen Wechselprozess zwischen der Anpassung an die äußeren Gegebenheiten des Lebens und dem Gestalten der Welt nach ihren Vorstellungen.

Für wen Lernen ein Lebensmotto ist, der findet sich bei Veränderungen leichter zurecht, erlernt schneller neue Computerprogramme, stellt zu einem neuen Mitarbeiter leichter einen guten Kontakt her und arbeitet sich auch in eine neue Materie leichter ein. Auch können solche Menschen ihre eigenen Ideen mit kindlicher Neugierde und unbändigem Wissensdrang effektiver umsetzen. Ermutigen Sie Ihren Mitarbeiter zu einer positiven Grundeinstellung zum Lernen.

Aktivität

Wer motiviert ist und vor Lebensenergie sprüht, gestaltet sein berufliches und privates Leben und entwickelt Aktivitäten. Um nicht in blinden Aktivismus zu verfallen, ist es wichtig, zielorientiert und strategisch vorzugehen, damit die Aktivitäten zum gewünschten Erfolg führen.

> Zwischen Reiz und Reaktion ist ein kleiner Zwischenraum: unsere Entscheidungsfreiheit

X – Achse

Die X-Achse verdeutlicht auf der Vertikalen das innere Wachstum eines Menschen. Je mehr jemand an sich arbeitet, desto deutlicher verbessert er seine Fähigkeiten. Früher oder später wird er die Früchte ernten können.

Die Horizontale steht für die Balance zwischen allen Polaritäten des Lebens: Anspannen und Entspannen, Tradition und Innovation, Beherrschen von Altem und Lernen von Neuem, Aufnehmen und Weitergeben, Einzelarbeit und Teamarbeit, Arbeit und Freizeit. Hier findet sich auch der Ausgleich zwischen Berufs- und Privatleben, auf den seit ein paar Jahren unter dem Stichwort work-life-Balance aufmerksam gemacht wird. Immer wieder den für sich passenden Ausgleich zwischen den Polaritäten zu finden, erhöht die Chance, gesund und leistungsfähig zu bleiben. War eine Zeitlang die Anspannung zu hoch, sollte für ausreichende Entspannung gesorgt werden. Lag der Schwerpunkt eine Zeitlang auf Sicherheit und Konstanz, ist es ein Ausgleich, für neuen Wind im Leben zu sorgen.

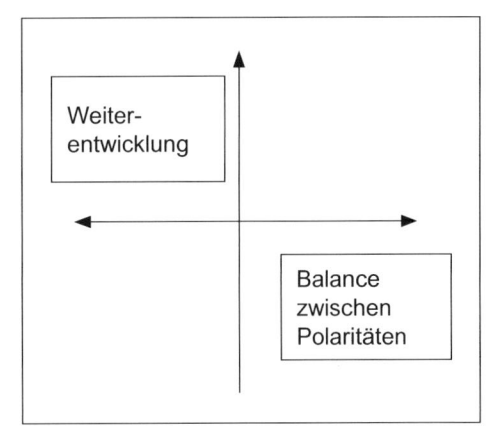

Abbildung 40: Die X-Achse

Beispiel:

In das Büro von Mitarbeiter X kommt plötzlich dessen Kollege Y hineingestürmt. Aufgeregt erklärt er, die Frist bei einer Ausschreibung sei versäumt worden. Eine Katastrophe, Mitarbeiter X läuft es heiß und kalt über den Rücken. Er will unbedingt eine Ausnahme von der Ausschlussfrist erwirken und greift hastig zum Telefon. Ohne eine weitere Erklärung entschuldigt sich Herr X für die Fristversäumnis und drängt auf eine Ausnahme.

Doch nun stellt sich heraus, dass die Frist noch nicht abgelaufen ist. Der Kollege Y hatte den Termin verwechselt.

Hätte er sich zunächst in einen R.E.L.A.X.-Zustand versetzt, wäre die Chance größer gewesen, dass er sich in Ruhe noch einmal alle Unterlagen anschaut, bevor er zum Telefon greift.

> *Probleme kann man niemals mit der gleichen Denkweise lösen, durch die sie entstanden sind.*
> Albert Einstein

Folgende Fragen können dabei unterstützen, einen R.E.L.A.X.-Zustand zu erreichen:

- Welche Stärken und Fähigkeiten habe ich?
- Welche meiner Stärken hat mir beim letzten Mal in einer schwierigen Situation geholfen?
- Wie wäre die Situation, wenn sie mir jetzt zur Verfügung stünde?
- Welche Eigenschaften brauche ich jetzt? Wann habe ich in der Vergangenheit einmal vollständig darüber verfügt?
- Angenommen, ich verfüge jetzt über diese Eigenschaften, welche Lösung ergibt sich?
- Was brauche ich, um mir diese Fähigkeiten jetzt verfügbar zu machen?
- Wie werde ich in fünf oder zehn Jahren über diese Situation denken?
- Was würde ich mir als weiseres Ich aus der Zukunft in der heutigen Situation raten?
- Was würden andere in der Situation unternehmen, die ich für kompetent halte?

Tipp

- Managen Sie in schwierigen Situationen (außer bei absoluter Dringlichkeit) immer erst sich selbst. Aus einem guten Zustand heraus treffen Sie die besseren Entscheidungen.
- Sorgen Sie regelmäßig für Entspannung.
- Sorgen Sie für die für Sie individuell stimmige Balance zwischen Entspannung und Aktivität und zwischen Gewohntem und Neuem.

7. Professionalisierung Ihrer Coachingtätigkeit

Möchten Sie als Führungskraft coachen, sollten Sie über gute Kommunikations- und Führungsfähigkeiten verfügen. (s. Checklisten im Anhang) Ansonsten wird empfohlen, diese zunächst zu verbessern.

Bei der Frage, in welchem Umfang Sie coachen oder Coachingelemente in Ihre Mitarbeitergespräche einfließen lassen, spielen Ihr Selbstverständnis, Ihre Ausbildung, Ihre Fähigkeiten und Interessen, Ihre zeitliche Belastung und die Firmenkultur eine entscheidende Rolle. Je umfangreicher Ihre Ausbildung und je differenzierter Ihre praktische Coachingerfahrung ist, desto eher sind Sie für eine umfassendere Coachingtätigkeit qualifiziert. Als Coach sollten Sie unter anderem folgende Voraussetzungen erfüllen:

- Geduld und Empathie
- Vertrauen herstellen und halten können
- Lösungs- statt problemorientiert denken
- wertfrei zuhören können, so dass der Mitarbeiter Ihnen auch persönliche Dinge, Fehler oder Schwierigkeiten anvertraut
- qualifizierte Ausbildung, Praxis und Erfahrung als Coach
- Fördernde Haltung als Coach und die Fähigkeit, sie entsprechend zu vermitteln
- Beherrschen von professionellen Coachingwerkzeugen
- Überblick über den Coachingprozess behalten und ihn steuern können
- Selbstmanagement (R.E.L.A.X.)
- Kennen der eigenen Stärken und Schwächen sowie fortlaufende Selbstreflexion
- Körpersprache sowie Veränderungen in der Stimme und Tonalität bewusst einsetzen und bei anderen wahrnehmen können
- Gefühle bei sich und anderen erkennen und ansprechen können
- Systemisches Denken, insbesondere bei der Entwicklung von Zielen, Strategien und Lösungsmöglichkeiten.
- Vorbildfunktion

> *Sage es mir*
> *und ich werde es vergessen.*
> *Zeige es mir*
> *und ich werde mich erinnern.*
> *Beteilige mich*
> *und ich werde es verstehen.*
>
> Laotse

Coachingausbildungen werden in einem Zeitumfang von drei bis zwanzig Tagen angeboten. Es gibt offene Trainings, die jedem zugänglich sind und Trainings, die sich an die Zielgruppe Führungskräfte richten. Mehr und mehr entschließen sich Firmen dazu, Inhouse-Trainings für ihre Führungskräfte zum Thema *Führen mit Coaching* oder *Führungskraft als Coach* anzubieten oder ihnen offene Seminare zu finanzieren.

In der Praxis kommt es immer häufiger vor, dass eine Führungskraft von ihrem Vorgesetzten den Auftrag bekommt, einen

Mitarbeiter zu coachen. Ist das bei Ihnen der Fall und haben Sie noch keine adäquate Ausbildung absolviert, beschränken Sie sich im Interesse aller Beteiligten auf gute Mitarbeiterführung und Training-on-the-Job oder nutzen Sie – bei entsprechendem Interesse – die Gelegenheit dazu, Ihren Vorgesetzten nach einer Coachingausbildung zu fragen. In Kapitel 1. und 2. finden Sie zahlreiche Aspekte und Argumente für den Nutzen von Mitarbeitercoaching.

8. Transfer in Ihren Berufsalltag

Selbstreflexion

Haben Sie die Möglichkeit, sich zum Mitarbeitercoach ausbilden zu lassen, ist zu klären, was dies für Sie persönlich bedeutet, bevor Sie sich dazu entscheiden. Die folgenden Fragen unterstützen Sie bei Ihrer Selbstreflexion:

- Was ist meine persönliche Motivation, meine Mitarbeiter auch zu coachen?
- Welche Werte verwirklichen sich für mich, wenn ich meine Mitarbeiter coache?
- Was gewinne ich, was gewinnt der Mitarbeiter, was gewinnt das Unternehmen, wenn ich meine Mitarbeiter coache?
- Wie ist mein bisheriger Führungsstil? (autoritär, kooperativ, situativ, kollegial, patriarchalisch, bürokratisch/formalistisch.)
- Wie sieht es mit meinen Kommunikations- und Führungsfähigkeiten aus? (siehe Checklisten im Anhang)
- Werde ich als Führungskraft in fachlicher und persönlicher Hinsicht akzeptiert?
- Haben die Mitarbeiter Vertrauen zu mir?
- Welche zeitlichen Kapazitäten habe ich frei?
- Bin ich geduldig oder neige ich zu Ungeduld?
- Wie reagiere ich in Stresssituationen?
- Wie gehe ich mit anderen Meinungen um?
- Wie behandele ich meine Mitarbeiter unter Zeitdruck?
- Macht es mir Spaß zu beobachten, wie Menschen sich weiterentwickeln?
- Reichen meine Ausbildung und Fähigkeiten aus, um verantwortlich coachen zu können?

(siehe auch Selbstreflexion zur Haltung als Coach im Anhang)

Abbildung 41: Es ist selten ein Meister vom Himmel gefallen

Wie jede Führungskraft ihren eigenen Führungsstil entwickelt, entwickelt auch jeder Coach seinen persönlichen Stil. Sie werden zudem Vorlieben für gewisse Coachingwerkzeuge entdecken, andere dazulernen, selber Neue kreieren und Ihren eigenen Rahmen gestalten.

Auch für einen Coach gilt: Übung macht den Meister. Seien Sie nicht zu selbstkritisch und verlangen Sie nicht von sich, dass Sie sofort perfekt sind.

Der Zyklus: Beginn und Ende

Möchten Sie Ihren Führungsstil durch Coaching bereichern, sollten Sie zunächst die Frequenz klassischer Mitarbeitergespräche erhöhen, falls Sie sich bisher mit Ihren Mitarbeitern selten zusammengesetzt haben. Beginnen Sie damit, Ihre Mitarbeiter weniger anzuweisen und Ihnen stattdessen mehr offene Fragen zu stellen. Lassen Sie nach und nach auch andere Coachingelemente einfließen. Es hat sich bewährt, solche Gespräche zumindest anfänglich nicht als Coaching, sondern weiterhin als Mitarbeitergespräch zu bezeichnen. Sind alle Voraussetzungen erfüllt, ist es möglich, mehr Coachingwerkzeuge einfließen zu lassen. Bei weiterer Professionalisierung und passenden Umständen werden Sie früher oder später komplette Coachingsitzungen geben können.

Ihr Coaching hat letztlich zum Ziel, dass Ihr Mitarbeiter an Kompetenz gewinnt und Sie entlastet. Das dient Ihrem Interesse, dem des Coachees und dem des gesamten Unternehmens. Nach einer angemessenen Zeit, die bei jedem unterschiedlich sein kann, werden Sie als Coach für Ihren Mitarbeiter schließlich überflüssig sein.

Leader sollten führen, soweit sie können, und sich dann in Luft auflösen.
Ihre Asche sollte nicht das Feuer ersticken, das sie entzündet haben.

H. G. Wells

Anhang

Typische Coaching-Gespräche

Ausgangssituation:
Die Mitarbeiterin (MA) Frau Schmidt arbeitet in der firmeninternen EDV-Abteilung. Interne Kunden haben sich bei der zuständigen Führungskraft (FK), Herrn Schneider, über sie beschwert. Sie bemängeln ihren Service. Sie arbeite unzuverlässig und es dauere eine Ewigkeit, bis sie ihre Belange erledige, obwohl sie dringend seien. Insbesondere die Teamassistentin eines der Vorstandsmitglieder, Frau Müller, hat bei Herrn Schneider über sie geschimpft.

Variante 1: Unkooperatives, autoritäres Mitarbeitergespräch

Herr Schneider zitiert Frau Schmidt zu einem sofortigen Gespräch in sein Büro.

FK: *(schnelles Sprechtempo mit verärgerter Stimme, macht sich gleichzeitig Notizen zu einem anderen Thema)* Mir sind Beschwerden zu Ohren gekommen, Ihre Leistungen lassen zu wünschen übrig. Bisher gab es ja keine Klagen über Sie, aber das in letzter Zeit, das geht so nicht weiter. *(Er schaut die Mitarbeiterin vorwurfsvoll an)*.

MA: Sie meinen das mit Frau Müller letztens, als …

FK: *(unterbricht)* Keine Details bitte. Sie wissen doch Bescheid. Ich verlange eine Erklärung.

MA: Das kann nicht sein, ich mache meine Arbeit wie immer.

FK: Fakt ist, es kommen Beschwerden. Das geht so nicht. Was schlagen Sie vor?

Die Assistentin des Vorgesetzten betritt mit einer Unterschriftenmappe den Raum. FK liest und unterschreibt die Briefe.

FK: *(murmelt dabei mehrmals ohne aufzublicken)* … das geht so nicht weiter … *(Er gibt die Unterschriftenmappe der wartenden Assistentin zurück, nickt ihr kurz zu und sagt zu ihr)* … bitte denken Sie daran, für morgen einen Tisch beim Italiener zu reservieren.

MA: *(rutscht unsicher auf ihrem Stuhl hin und her)* Ich weiß nicht, was Sie meinen, ich komme morgens pünktlich, mache meinen Job, alles ist okay.

FK: Frau Schmidt, Ihnen ist hoffentlich klar, dass die Kunden Ihren Job sichern. Wenn das so weitergeht, setzen Sie alles aufs Spiel.
MA: Was genau sagen die denn?
FK: Frau Schmidt, ich glaube, wir kommen so nicht weiter.

Das Telefon klingelt. Er nimmt den Hörer ab und telefoniert. Nach einigen Minuten

FK: Wo waren wir stehen geblieben? Ach ja, die Beschwerden, und das in einem Dienstleistungsunternehmen. Nein, Frau Schmidt, das geht so nicht. *(Er steht auf)* Ich schlage vor, Sie denken darüber nach, und wir sehen uns nächste Woche wieder. *(Er fordert Frau Schmidt mit einer Armbewegung auf, den Raum zu verlassen. MA kommt nicht mehr zu Wort und geht.*

Kommentar zu Variante 1:
Ohne auf irgendeine Weise das Gespräch einzuleiten, platzt Herr Schneider gleich mit dem Vorwurf heraus. Die Mitarbeiterin hat zu keinem Zeitpunkt Gelegenheit, Stellung zu beziehen. Er unterbricht sie mitten im Satz. Mit seinen Vorwürfen ist er so unkonkret, dass sie diese nicht nachvollziehen kann. Ihr Einwand, dass sie nicht weiß, um was es geht, ignoriert er und verlangt erneut nach einer Erklärung. Die Unterbrechungen mit der Unterschriftenmappe, der Assistentin und dem Telefonat sind respektlos. Sie signalisieren der Mitarbeiterin, wie unwichtig sie ist. Sie wird wie Luft behandelt, es fehlt jegliche Wertschätzung, ihre Arbeitszeit wird vergeudet. Der Versuch, ihre Qualitäten herauszustellen, wird mit einer unbestimmten Drohung beantwortet. Sie löst bei Frau Schneider Angst um ihren Job aus, obwohl sie immer noch nicht weiß, um was es eigentlich geht. Die Führungskraft geht in keiner Weise auf sie, ihre Bedenken oder ihr Nichtverstehen ein. Der Vorgesetzte erfährt nichts aus ihrer Sicht. Das abrupte Ende des Gesprächs entzieht sich ihrer Kontrolle. Die Mitarbeiterin wird abgekanzelt und zur Schnecke gemacht.

Variante 2: Die Führungskraft, hat ein Grundlagenseminar über die Verbesserung von Kommunikationsfähigkeiten besucht:

FK: Schön, dass Sie sich Zeit genommen haben. Wie geht es Ihnen? *(macht eine einladende Geste)*
MA: Wir haben im Moment sehr viel zu tun, der Zeitdruck ist groß. Sie wissen ja, die Abteilung hat neue Aufträge bekommen. Das ist einerseits gut, andererseits sollen wir ja auch Überstunden abbauen. Doch das schaffen wir nicht, im Gegenteil, wir sammeln Neue an.

FK: Prima, dass Sie so viele Projekte bewältigen. Ich bin stolz auf Sie, Ihre Abteilung ist für das Unternehmen unentbehrlich, und Sie Frau Schmidt sind seit Jahren eins der wichtigsten Zugpferde darin. Mit den Überstunden, da werden wir uns drum kümmern, da findet sich sicherlich eine Lösung. Frau Schmidt, haben Sie eine Idee, warum ich Sie um ein Gespräch gebeten habe?

MA: Nein, keine Ahnung.

FK: Nun, dann lasse ich die Katze mal aus dem Sack. Es ist mir unangenehm, dass ich das ansprechen muss. Aber es liegen Beschwerden gegen Sie vor. Sie würden sich nicht mehr so engagiert und schnell für die Belange der Mitarbeiter einsetzen. *(Schaut auf ein Blatt Papier, das vor ihm liegt und auf dem „offene Fragen!" steht.)* Wie sehen Sie das?

MA: Ich weiß im Moment nicht genau, was Sie meinen. Vielleicht war ich am Telefon mal kürzer angebunden, weil wir einfach so viel Stress haben und hinten und vorne nicht zurechtkommen. Ich bin nach wie vor schnell und erledige die Anfragen sofort. Letzte Woche rief allerdings Frau Müller zehn Mal an, das Netz war mehrfach zusammengebrochen und sie hatte noch ein paar Extrawünsche. Beim sechsten Mal wurde ich ungeduldig.

FK: *(Er liest auf dem Blatt: „Verständnis zeigen!")* Das kann ich verstehen, Frau Müller ist nicht unbedingt die Einfachste. Nur leider ist sie nicht die Einzige. Was schlagen Sie vor, was wir machen können? Brauchen Sie vielleicht ein neues Headset?

MA: *(fällt nichts ein.)* Das Headset ist okay, ich brauche kein Neues.

FK: Überlegen Sie doch mal, was Sie brauchen könnten, dann reden wir wieder. Ich lasse doch auf mein Mädchen nichts kommen. Und Kritik von der Assistentin des Vorstandes kann ich mir nicht leisten.

Kommentar zu Variante 2:

Die Führungskraft beginnt das Gespräch mit inhaltlicher Wertschätzung und einer einladenden Geste. Die Frage nach dem Wohlbefinden der Mitarbeiterin zeigt Interesse an ihrer Person. Er erkennt ihre Leistungen an, wenn er sie als wichtiges Zugpferd bezeichnet. Die Wahl des Wortes *Wir* drückt Zusammenarbeit, Teamgeist und ein Miteinander aus und zeigt die Bereitschaft, Probleme gemeinsam zu lösen. Die offenen Fragen regen die Mitarbeiterin zum Nachdenken über den Grund des Gesprächs an. Er spricht zudem über ihr Verhalten, nicht über sie als Person. Er fragt nach einem Grund für ihr verändertes Verhalten und gibt ihr Gelegenheit, Stellung zu nehmen und eine Lösung zu entwickeln. Allerdings weiß die Mitarbeiterin in dem Moment noch nichts von den Vorwürfen gegen sie. Er zeigt Verständnis und solidarisiert sich mit seiner Bemerkung über Frau Müller mit ihr. Gegenüber einer solchen Art, sich zu solidarisieren, ist allerdings Vorsicht geboten. Die Führungskraft sollte sich nicht negativ über eine andere Person des Unternehmens äußern. Die Frage, ob

Frau Schmidt ein neues Headset braucht, zeigt einerseits die Bereitschaft zur Unterstützung der Mitarbeiterin, andererseits liegt sie offensichtlich völlig neben der Sache. Auf die von Frau Schmidt angegebene Überlastung geht er nicht ein. Die Frage der Überstunden bleibt nebulös, wenn auch von ihm mit Zuversicht bedacht. Er bleibt beim Thema Beschwerden. Er fordert zwar keine sofortige Lösung von ihr. Ihre Aufgabe darüber nachzudenken, wird jedoch kaum Früchte tragen, zumal sie die Gründe aus ihrer Sicht schon genannt hatte. Die Formulierung *mein Mädchen* ist altväterlich und degradierend gegenüber der gesamten Person. Dies, sein Spicken auf seine Notizen und dass er auf ihre Argumente nicht eingeht, könnten darauf hindeuten, dass unter seinem in Trainings angelernten Verhalten eine autoritäre Einstellung fortbesteht. Er zeigt gut gemeinte Ansätze, die ausbaufähig sind.

Variante 3: Ablauf eines förderlichen Mitarbeitergesprächs durch eine geschulte Führungskraft

Vor dem Gespräch stellt Herr Schneider das Telefon auf seine Sekretärin um und verbittet sich für die nächste halbe Stunde jegliche Störung. Der Termin für das Gespräch war drei Tage vorher vereinbart worden. Es finden regelmäßig Gespräche zwischen Herrn Schneider und Frau Schmidt statt.

FK: *(Mit Augenkontakt zu ihr)* Schön, dass Sie da sind. Ich weiß, Sie haben viel zu tun. Heute möchte ich gerne mit Ihnen darüber sprechen, wie die Kundenqualität noch verbessert werden kann. Wo denken Sie, läuft alles gut, und wo kann etwas verbessert werden?

MA: Ich bin zufrieden, ich glaube nicht, dass wir da mehr hinkriegen.

FK: Zu meinem Verständnis, bitte erzählen Sie mir doch einfach mal, wie die letzte Woche bei Ihnen abgelaufen ist. Danach möchte ich mit Ihnen herausfinden, was an der Situation verbessert werden kann.

MA: Ich wüsste nicht, was man verbessern könnte. Es laufen vier zeitintensive Projekte gleichzeitig und manchmal nimmt uns das Tagesgeschehen mit den Serviceanfragen so in Anspruch, dass wir die noch nicht mal alle erledigen, geschweige denn etwas für die Projekte machen können. Und das trotz der vielen Überstunden. Zur Ablage kommen wir seit Wochen nicht und oft haben wir noch nicht mal Zeit, einen Kaffee zu trinken. Ja ... und dann Frau Müller.

FK: Was war denn mit Frau Müller?

MA: Ja, ich war vielleicht etwas kürzer angebunden als sonst. Der nächste Kunde wartete schon in der Leitung und gleichzeitig tippte mir der Azubi auf den Arm, weil er etwas von mir wollte. Das war ein bisschen zu viel und hat mich genervt. Aber trotzdem habe ich meine Arbeit gut gemacht.

FK: Daran zweifelt natürlich auch niemand. Im Gegenteil, ich bin sogar davon überzeugt. Was denken Sie, wie wir den Stress bei Ihnen reduzieren können? Das macht ja dann auch mehr Spaß. *(Lächelt sie an).* Denn stellen Sie sich vor, ein Kollege wird auch noch krank und es kämen zusätzliche Aufgaben auf Sie zu.

MA: *(schaut entsetzt auf)* Zusätzliche Aufgaben? Das geht nicht.

FK: Entschuldigung … ein Missverständnis. Es geht nicht darum, Ihnen zusätzliche Aufgaben zu übertragen, sondern darum, wie wir den Ablauf bei Ihnen effektiver gestalten können.

MA: *(atmet erleichtert auf und entspannt sich wieder)* Gut wäre zum Beispiel, wenn der Azubi mehr Anrufe direkt annimmt und mich erst fragt, wenn er ein Problem hat.

FK: Das ist eine gute Idee, Frau Schmidt, dafür haben Sie meine volle Unterstützung. Aber ich kenne Sie schon länger, Sie sind eigentlich stressresistent. Kann es sein, dass Sie zusätzlich auch mehr Pausen brauchen?

MA: Ich kann keine Pausen machen, die Telefone müssen besetzt bleiben und Anrufe sofort beantwortet werden. Wie soll das gehen?

FK: Wer teilt die Dienste ein und nach welchen Kriterien geschieht dies? …

Beide überlegen gemeinsam, wie die Dienste anders eingeteilt werden und die Arbeits- und Pausenbedingungen in der Abteilung verbessert werden können. Zu diesem Thema erfolgt später eine Teambesprechung.

Kommentar zu Variante 3:

Herr Schneider wählt einen wertschätzenden Einstieg. Das Gesprächsthema wird transparent und seine Fragen sind lösungsorientiert. Das eröffnet Frau Schmidt den Raum, einfach einmal die Situation zu beschreiben. Die Führungskraft zeigt Verständnis und Empathie. Sie lässt die Gefühlsebene anklingen, stellt offene Fragen nach den Ursachen des Zeitdrucks und zur Gesamtsituation in der Abteilung. Sie zeigt Anerkennung für die Leistung und stärkt der Mitarbeiterin den Rücken. Die Führungskraft ist davon überzeugt, dass die Mitarbeiterin gute Arbeit leistet und will mit ihr gemeinsam deren Arbeitssituation verbessern. Nachdem diese aus Angst vor Mehrarbeit zunächst in eine Abwehrhaltung verfiel, ist der Vorgesetzte geduldig und betont noch einmal, dass es ihm um Stressreduzierung für die Mitarbeiterin geht. Die Mitarbeiterin ist nun kooperativ und bringt eigene Ideen ein, die von der Führungskraft wertschätzend unterstützt werden. Zusätzlich spricht er mit dem Mangel an Pausen eine Vermutung aus, die sie bestätigt. Das Gespräch kann nun in eine konstruktive Richtung gehen, gemeinsam können zwischen den beiden und mit dem gesamten Team Lösungen erarbeitet werden.

Variante 4: Coachingwerkzeuge und situativer Führungsstil

Es wurden zwischen der Führungskraft und der Mitarbeiterin in der Vergangenheit bereits regelmäßig Coachinggespräche geführt. Es besteht eine gute Vertrauensbasis. Der Coachingtermin wurde drei Tage vorher vereinbart. Er kam auf Initiative der Mitarbeiterin zustande, schon bevor die Führungskraft von dem Vorfall mit Frau Müller erfahren hatte.

Die Führungskraft bietet der Mitarbeiterin einen Kaffee an, stellt das Telefon um und verbittet sich für die nächste Stunde jegliche Störung.

FK: *(lächelt sie an, hält Augenkontakt und hat eine ihr zugewandte Körperhaltung)* Guten Tag Frau Schmidt, schön dass wir zusammengekommen sind, das trifft sich gut. Welches Anliegen haben Sie?

MA: Ja, ich möchte gerne mit Ihnen sprechen, weil sich die Arbeitsbelastung im Team in den letzten Wochen immer weiter zugespitzt hat. Jetzt ist noch Kurt (ein Kollege) in der letzten Woche drei Tage krank gewesen und Sandra (eine Kollegin) war rund um die Uhr mit dem Projekt X beschäftigt. Und insgesamt habe ich den Eindruck, dass es einfach immer mehr wird.

FK: Gut, dass Sie sich damit an mich wenden. Was hat sich noch verändert in den letzten Wochen?

MA: Wir haben einen solchen Stress, dass wir oft noch nicht mal dazu kommen, einen Kaffee zu trinken. Die Überstunden werden mehr, obwohl wir die laut Vorstand ja abbauen sollen. Dazu sehe ich jedoch keine Chance. Und in einer solchen Situation werden die Kunden auch noch ungeduldig. Letztens hat mich Frau Müller total angemacht, weil ihr alles nicht schnell genug ging. Aber ich konnte wirklich nicht und das wollte sie nicht begreifen. Das ist worüber ich mit Ihnen sprechen wollte.

FK: Das sind mehrere Aspekte, die ich gerne mit Ihnen nach und nach durchgehen möchte. *(Hat sich notiert, während MA sprach: Kurt, Sandra, Pausen, Überstunden, Mehrbelastung, Ungeduld Kunden, Frau Müller).* Schnell erledigen können wir das mit den Überstunden. Da kann ich Sie beruhigen. Auch ich sehe im Moment keine Möglichkeit, sie abzubauen. Ich werde mich beim Vorstand dafür stark machen.
Zweitens Kurt Jäger. Er hat eben angerufen, er steht ab morgen wieder voll zur Verfügung. Was ist mit Sandra?

MA: Laut Plan soll ihr Projekt nächste Woche abgeschlossen werden. Aber erfahrungsgemäß dauern die ja immer länger.

FK: Das werde ich klären. Vielleicht kann sie vorübergehend stundenweise mit zupacken.
(Macht sich kurz eine Notiz dazu und schaut sie dann wieder an.)

MA: ok, danke.

FK: Als weiteren Punkt hatten Sie die Mehrbelastung angesprochen. Wir haben ja in regelmäßigen Abständen die Anzahl der Anrufe und Aufträge erfasst. Wie sieht es damit aus? Kann man daran was ablesen?

MA: Dazu hatten wir im letzten viertel Jahr keine Zeit.

FK: Das verstehe ich. Wie sieht es denn aus mit dem Erfassen der Zahlen, wenn der Druck des Überstundenabbaus erst mal wegfällt. Hätten Sie dann Zeit dazu? Ich möchte mit Ihnen und dem gesamten Team eine Verbesserung für alle anstreben. Dafür brauche ich – auch für meine Argumentation nach oben – handfeste Zahlen.

MA: Ja, das ist was anderes. Dann können wir das natürlich machen. Und danach schaffen wir es hoffentlich auch, die Überstunden abzubauen.

FK: Prima *(lächelt sie an)*. So schaffen wir es gemeinsam, ein Hindernis nach dem anderen aus dem Weg zu räumen. Sie erwähnten als weiteren Punkt, Kundenzufriedenheit und Frau Müller. Was war denn da vorgefallen?

MA: *(schildert den Vorfall und zeigt sich besorgt, dass Frau Müller bis zum Schluss unzufrieden blieb.)*

FK: Wie haben Sie ihr vermittelt, dass Sie im Moment keine Zeit haben?

MA: hmh *(überlegt).* Ich habe ihr doch gesagt, es geht erst morgen.

FK: Dabei interessiert mich natürlich, welchen Tonfall Sie dabei hatten.

MA: Naja, ich war etwas genervt.

FK: Die andere Frage ist, ob Frau Müller unabhängig vom Tonfall, Ihre Situation mit Kurt, mit Sandra, den Überstunden usw. versteht, wenn Sie den genannten Satz sagen.

MA: Müsste Sie doch eigentlich.

FK: Haben Sie Lust auf ein Experiment?

MA *nickt.*

FK: Lassen Sie uns einmal die Situation durchspielen. Sie spielen Frau Müller mit ihrem Anliegen, mit Zeitdruck usw., ich spiele Sie in dem Telefonat.
(Sie spielen die Situation als Rollenspiel. Als die Führungskraft sagt, das geht erst morgen, muss die Mitarbeiterin auflachen.)

MA: *(lachend)* Ja, da haben Sie Recht, das kann sie nicht verstehen. Ich glaube, ich gehe heute Mittag mal kurz zu ihr hoch und rede mit ihr.

FK: Vielleicht eine gute Idee. *(lächelt)* Schauen wir uns mal unsere Modelle an *(die Modelle sind der MA aus früheren Sitzungen bekannt)* und nehmen wir einmal das Modell von W. Bodhidharma.
Wo haben Sie bei Frau Müller vielleicht etwas ausgelöst?

MA: Zweite oder dritte Ebene?

FK: Möglich. Und wenn Sie Gefühle bei ihr angesprochen haben, dann sicherlich keine Positiven. Deswegen ist es so wichtig, zu Kunden freundlich zu sein.

Ansonsten können Gefühle ausgelöst werden wie die des hilflosen Kindes, das sich mit seinen Bedürfnissen abgewiesen fühlt. Warscheinlich fühlt sich Frau Müller gekränkt hat und hat sich deshalb über Sie beschwert.
Wenn Sie mit ihr sprechen, *(zwinkert ihr zu)* vergessen Sie die Ich-Botschaften und R.E.L.A.X. nicht.
Die offenen Punkte klären wir, ich halte Ihnen wegen der Überstunden den Rücken frei und dann sollten wir uns nächste Woche noch mal sprechen. Was halten Sie davon, wenn wir uns dann auch die gesamte Aufgabenverteilung im Team noch einmal vornehmen und die Grobaufteilung unter den Gesichtspunkten durchgehen, was schon gut ist, und was wie verbessert werde kann.

MA: Eine gute Idee.
FK: Na dann belassen wir es für heute dabei.

FK und MA vereinbaren einen Termin für die kommende Woche, FK bringt MA zur Tür und sie verabschieden sich.

Kommentar zu Variante 4:
Es ist ein Gespräch auf gleicher Augenhöhe, wobei die Sichtweise der Mitarbeiterin und ihre persönlichen Belange großes Gewicht haben. Die Vertrauensbasis war bereits aufgebaut, denn die Mitarbeiterin hatte selbst die Initiative zu dem Gespräch ergriffen.

Der Mitarbeitercoach stellt offene Fragen und ist lösungsorientiert. Fällt etwas in seinen Zuständigkeitsbereich, übernimmt er die Aufgabe, wie die Klärung der Überstunden mit dem Vorstand. Er ist wertschätzend und hört zu, was sich auch in der Körpersprache ausdrückt. Er greift ihre Themen auf und benutzt sie als Leitfaden für das Gespräch. Damit zeigt er, wie ernst er die Mitarbeiterin nimmt. Er schreibt ihr nicht vor, was sie anders machen soll, sondern bringt sie durch Fragen und einen Wechsel der Wahrnehmungspositionen in einem Rollenspiel zu eigenen Einsichten. Dadurch versteht sie lachend und wie von selbst, dass sie mit Frau Müller unzureichend kommuniziert hatte. Sie kommt von sich aus auf den Gedanken, sich mit Frau Müller in Verbindung zu setzen. Weiterhin zeigt der Coach Lösungsmöglichkeiten auf indem er unter anderem freundschaftlich an Ich-Botschaften und das R.E.L.A.X.-Modell erinnert.

Checklisten und Fragebögen für die Coachingarbeit

Die Fragen und Aussagen sind als Anregungen zur Selbstreflexion und Fremdbefragung gedacht.

Anders als bei üblichen Fragebögen können Sie hier bei Ihren Antworten ausnahmsweise nichts falsch machen. Es wird nichts bewertet und auch nicht ausgewertet.

Bitte beachten Sie, dass die Fragen und Aussagen nicht umfassend sind. Sie können Sie inspirieren, eigene Checklisten oder Ergänzungen zu entwickeln.

Checkliste Selbstreflexion zu Ihrer Kommunikationsfähigkeit

	☺				☹
Lasse ich meine Gesprächspartner aussprechen?					
Halte ich Augenkontakt zu meinem Gesprächspartner?					
Widme ich meinem Gesprächspartner in Gesprächen meine volle Aufmerksamkeit?					
Sage ich das, was ich meine?					
Drücke ich mich klar und deutlich aus?					
Hören mir andere Menschen aufmerksam zu?					
Sinkt manchmal die Stimmung, wenn ich etwas sage, ohne dass ich weiß warum?					
Gibt es in meiner Kommunikation oft Missverständnisse?					
Vermeide ich persönliche Gespräche mit Kollegen, Mitarbeitern, Vorgesetzten und Kunden?					
Frage ich nach, wenn ich etwas nicht verstanden habe?					
Variiere ich meine Stimmhöhe und Sprechgeschwindigkeit?					
Setze ich Gestik und Mimik bewusst ein? (Anstatt nur auf den Inhalt fokussiert zu sein)					
Beobachte ich bei anderen Diskrepanzen zwischen dem Gesagten sowie deren Körpersprache und Stimme?					
Fasse ich Gespräche am Ende kurz zusammen?					
Variiert meine Wortwahl je nach Situation und Person, die ich vor mir habe?					
Sorge ich durch persönliche, einleitende Worte bei Besprechungen für eine gute Gesprächsatmosphäre?					
Bringe ich die Dinge mit selbstbewusster Stimme klipp und klar auf den Punkt?					
Passen Gestik und Mimik zum Inhalt dessen, was ich mitteile?					
Vertrete ich auch Meinungen, die von denen des Gegenübers abweichen?					
Lasse ich mir Feedback über meine Kommunikationsfähigkeiten geben?					
Achte ich auf Körpersprache, veränderte Stimmlage und Veränderungen in der Physiologie meines Gegenübers?					
Fällt es mir leicht, auch nonverbal einen Kontakt zu anderen Menschen zu verbessern?					
Behalte ich bei Gesprächen den roten Faden und bringe ich das Gespräch immer wieder auf das eigentliche Thema zurück?					
Greife ich Schlüsselworte meines Gesprächspartners auf?					
Fasse ich ab und zu das Gesagte/Vereinbarte zusammen?					
Artikuliere ich unausgesprochene Gefühle?					

Checkliste Fremdbefragung zur Kommunikationsfähigkeit

	☺				☹
Spricht die Führungskraft klar und verständlich?					
Fragt mich X, wenn mein Aufgabenbereich betroffen ist nach meinem Fachwissen und meiner Meinung?					
Fragt X sinnvoll nach, wenn er etwas nicht verstanden hat?					
Hält X Augenkontakt zu mir, während ich spreche, und gibt er mir andere Signale des Zuhörens und Ermunterungen zum Weitersprechen?					
Spricht X meine Bedürfnisse und Gefühle an?					
Beurteilt und kommentiert X vorschnell, bevor er zu Ende zugehört hat?					
Sammelt X zunächst alle Informationen und fragt mich dann zuerst nach meiner Meinung, bevor er seine äußert?					
Bereitet X Meetings vor und strukturiert er sie zeitlich sinnvoll?					
Erkenne ich im Gespräch mit X oft neue Aspekte?					
Interessieren X meine Probleme und die unserer Abteilung?					
Sind seine emotionalen Reaktionen angemessen?					
Hört X gut zu?					
Unterbricht mich X, wenn er meint, er weiß, was ich sagen will?					
Ist ein roter Faden in Gesprächen mit X erkennbar?					
Geht X in Gesprächen zielgerichtet vor und mit einer passenden Strategie?					
Fühle ich mich von X akzeptiert und wertgeschätzt?					
Lässt X auch anders lautende Meinungen gelten?					
Macht X sinnvolle Vorschläge zu den besprochenen Themen?					
Setzt X Prioritäten und Schwerpunkte angemessen?					
Werde ich im Gespräch mit X ruhiger und selbstbewusster?					
Ist die Stimmung angenehm, wenn X spricht?					
Vermittelt X, dass er jederzeit oder in akzeptablem Zeitabstand für ein Gespräch zu Verfügung steht?					
Fasst X schnell auf, worum es seinem Gegenüber geht und reagiert angemessen und zügig darauf?					
Vertritt X einen klaren Standpunkt?					
Hält X Versprechen ein, so dass ich mich auf ihn verlassen kann?					

Selbstreflexion zur Führungskompetenz

	☺				☹
Treffe ich Entscheidungen zeitnah und effektiv?					
Habe ich die Ziele der Abteilung/ die persönlichen der Mitarbeiter im Auge?					
Kündige ich Teambesprechungen und Mitarbeitergespräche eine angemessene Zeit vorher an?					
Revidiere ich Entscheidungen, wenn sie sich als falsch herausstellen?					
Ist meine Haltung: Vertrauen ist gut, Kontrolle ist besser?					
Konfrontiere ich meine Mitarbeiter direkt mit Kritik von anderer Seite, bevor ich sie zu Wort kommen lasse?					
Habe ich die Auffassung: Privates gehört nicht in den Job?					
Liegt mir das persönliche und berufliche Fortkommen meiner Mitarbeiter am Herzen?					
Wenden sich meine Mitarbeiter bei fachlichen und persönlichen Problemen direkt an mich?					
Halte ich meinen Mitarbeitern möglichst den Rücken frei von Formalitäten, damit sie ihren Kernaufgaben nachgehen können?					
Stehe ich gegenüber meinen Vorgesetzten, Kollegen, Kunden usw. hinter meinen Mitarbeitern?					
Lasse ich meine Mitarbeiter mit ihren Leistungen glänzen? (Anstatt dass ich mich mit ihren Lorbeeren schmücke?)					
Mische ich mich in die Arbeit meiner Mitarbeiter ein und kontrolliere sie, auch wenn alles gut läuft?					
Kann ich gut delegieren? (Anstatt zu meinen, alles selbst machen zu müssen?)					
Verstehen meine Mitarbeiter, was sie tun sollen, wenn ich etwas an sie delegiert habe?					
Unterrichte ich meine Mitarbeiter regelmäßig über die (sich ändernden) Ziele des Unternehmens und entwickle mit ihnen gemeinsam Umsetzungsstrategien?					
Halte ich regelmäßig effektive Teambesprechungen ab?					
Bin ich entscheidungsfreudig?					
Wissen meine Mitarbeiter, woran sie bei mir sind?					
Verteile ich Aufgaben und Informationen gerecht? (frei von Sympathien und Antipathien?)					
Habe ich die mittel- und langfristige Entwicklung der Abteilung und der einzelnen Mitarbeiter im Auge?					
Gebe ich Stress ungefiltert an meine Mitarbeiter weiter?					
Ist Kritik meiner Mitarbeiter an meinem Verhalten für mich eine wertvolle Chance, etwas zu lernen?					
Fühlen sich meine Mitarbeiter von mir gesehen und wertgeschätzt?					

Fremdbefragung zur Führungskompetenz

	☺				☹
Nimmt sich die Führungskraft X für mich Zeit, wenn ich ein Problem habe?					
Weist X mich auch auf das hin, was gut lief, wenn ich eine Panne erlitten habe?					
Weiß ich, was X von meinen Fähigkeiten hält?					
Verteilt X Aufgaben im Team gerecht?					
Betreibt X Mobbing gegenüber einzelnen Mitarbeitern?					
Ist X bei Kleinigkeiten großzügig und engagiert sich dort, wo es wichtig ist?					
Gibt X Fehler offen zu, und dürfen wir ihn kritisieren?					
Fragt X uns nach unserer Meinung, bevor er Entscheidungen trifft, die uns betreffen?					
Ist X geduldig und lässt mich Dinge ausprobieren, auch wenn ich mich erst einarbeiten muss?					
Beurteilt X meine Leistungen fair und gerecht?					
Delegiert X klar, deutlich und sinnvoll?					
Würde ich mich an X wenden, wenn ich persönliche oder fachliche Probleme hätte?					
Hält X uns nach oben hin und gegenüber den Kunden den Rücken frei?					
Schmückt X sich gegenüber anderen mit unseren Leistungen?					
Gibt X Feedback klar und konstruktiv?					
Fließt meine Einschätzung in meine Zielvereinbarungen mit ein?					
Hält sich X daran, wenn ich ihm etwas unter dem Mantel der Verschwiegenheit erzähle?					
Gibt X sinnlose Anweisungen und besteht aus Prinzip darauf, dass sie befolgt werden? Geht es ihm in erster Linie um Macht?					
Ist X für mich meist kurzfristig erreichbar?					
Ist X launisch und zeigt er dies uns Mitarbeitern gegenüber?					
Ist X durchsetzungsfähig?					
Ist X entscheidungsfreudig?					
Hält X starr Entscheidungen fest, auch wenn sie sich später als falsch erweisen?					
Hält X Versprechen ein?					
Vertraue ich darauf, dass er Persönliches für sich behält?					

Aussagenliste zur Selbstreflexion als Mitarbeitercoach

Verwendung: Bin ich mit den Hypothesen einverstanden?

	☺				☹
Menschen können auch als Erwachsene und in jedem Alter lernen und Fähigkeiten ausbauen.					
Es macht mir Freude, Menschen zu fördern – egal ob im Coaching oder in anderen Zusammenhängen.					
Weltbild, Bedürfnisse und Ziele von jedem Menschen sind sehr unterschiedlich. Keins ist besser oder schlechter als das des anderen – nur anders.					
Ich akzeptiere andere Meinungen.					
Menschen tragen die Lösungen ihrer Probleme in sich. Durch Zuhören und Fragen bringe ich sie mehr in Kontakt mit ihren eigenen Ressourcen.					
Ich versuche manchmal auf Grund meiner hierarchisch höhergestellten Position, meine Meinung gegenüber meinen Mitarbeitern durchzusetzen.					
Ich bin geduldig, wenn ich merke, dass Menschen Zeit brauchen, um zu lernen oder sich zu verändern.					
Wenn ich an meine Mitarbeiter denke, fallen mir sofort ihre Stärken, ihre Erfolge und ihr Potenzial ein. (anstatt ihre Fehler und Schwächen)					
Ich bin überzeugt davon, dass Menschen im Grunde kooperieren wollen.					
Menschen wählen eine bessere Handlungsalternative, wenn sie diese zur Verfügung haben.					
Auch in Stresssituationen sind mir Respekt und wertschätzendes Verhalten gegenüber den Mitarbeitern wichtig.					
Authentizität und Ehrlichkeit sind mir wichtiger als mein Gesicht zu wahren.					
Der zahlenmäßig messbare Erfolg der Abteilung ist mir im Zweifel wichtiger als die persönliche Entwicklung der Mitarbeiter.					
Führen nach dem Motto: „Vertrauen geht vor Kontrolle" bringt auf Dauer bessere Leistungen hervor als nach dem Motto „Kontrolle geht vor Vertrauen".					
Ich habe bisher beobachtet, dass die Lebensqualität von Menschen steigt, wenn sie ihre Talente und Fähigkeiten ausbauen.					
Kommt im Team ein Fehler vor, ist es mir wichtig den Schuldigen zu finden und ihn zur Rede zu stellen. (anstatt im Team daran zu arbeiten, den Fehler in Zukunft zu vermeiden)					
Meine Mitarbeiter vertrauen mir und fühlen sich von mir verstanden.					
Coaching passt in unsere derzeitige Firmenkultur.					
Falls nicht: Habe ich genügend Zeit, Energie und Durchsetzungsvermögen, Coaching und den erforderlichen Rahmen in meiner Abteilung durchzusetzen?					
Kann ich für die Ungestörtheit intensiver Coachinggespräche garantieren?					

Ich behalte das, was mir im Coaching anvertraut wurde, für mich – auch bei entgegenstehenden Erwartungen seitens der Personalabteilung oder meines Vorgesetzten.				
Meine Mitarbeiter haben eine positive Zukunftsperspektive mit Anreizen zur beruflichen und persönlichen Weiterentwicklung.				
Ich empfehle Mitarbeitern einen externen Coach oder andere Spezialisten, wenn ich dem Thema oder der Beziehung nicht gewachsen bin.				
In Mitarbeiter- oder Coachinggesprächen weiß ich oft schon die Lösung und arbeite dann darauf hin, dass der Mitarbeiter sie auch erkennt.				
Die Fähigkeiten meiner gecoachten Mitarbeiter haben sich verbessert.				
Meine Mitarbeiter äußern sich auch gegenüber anderen Personen positiv über die Mitarbeitergespräche/Coachings mit mir.				
Ich bin bestrebt, alle Mitarbeiter gerecht zu fördern – entsprechend ihrem Potenzial.				
Ich verfüge über zahlreiche Coachingwerkzeuge und bilde mich regelmäßig fort.				
Ich nehme Supervisionsstunden/Coaching.				
Ich überblicke den Coachingprozess: Vorbereitung, Durchführung, Feedback und Nachbereitung einschließlich der Kontrolle der vereinbarten Ziele.				

Aussagenliste zur Fremdbefragung von Mitarbeiteroaches

	☺			☹
Vertraue ich X und spreche mit ihm über meine beruflichen und persönlichen Themen?				
Konnte X mich motivieren, etwas an meinem Verhalten zu verändern?				
Stellten sich meine Verhaltensveränderungen als sinnvoll heraus?				
Habe ich Raum, meine eigenen Ideen und Stärken zu entwickeln?				
Fragt er viel und bringen mich seine Fragen auf gute Ideen? (anstatt dass er mir die Lösungen vorgibt?)				
Entsprechen die vereinbarten Ziele meinen Fähigkeiten?				
Fehlt mir in Wirklichkeit die Lust/das Vertrauen, diese Gespräche mit ihm zu führen und mache ich nur gute Miene zum bösen Spiel, weil mir Nachteile drohen, wenn ich seine Bemühungen ablehne?				
Spreche ich von mir aus Themen bei ihm an? (Oder bin ich erleichtert, wenn er unangenehme Themen nicht anspricht und verschweige ich sie dann lieber)?				
Fühle ich mich von ihm wertgeschätzt und fachlich und menschlich anerkannt?				

Frage					
Habe ich das Gefühl, dass er sich in Dinge einmischt, die ihn nichts angehen?					
Hat er in Wirklichkeit keine Zeit, sich meine Dinge anzuhören?					
Wäre X einer meiner ersten Ansprechpartner bei beruflichen oder privaten Krisen?					
Hat X Zeit für mich auch in Stresssituationen?					
Glaube ich an seine Qualifikation als Coach und seine fachliche Kompetenz?					
Sogt X bei den Gesprächen für absolute Ungestörtheit?					
Bin ich mir seiner Verschwiegenheit auch sicher, wenn er in Konflikte mit den Firmeninteressen oder seinen eigenen Vorgesetzten gerät?					
Sind mir Ziel, Zweck und Nutzen der Coachingsitzungen klar? Gibt es – immer wieder – eine ausreichende Auftragsklärung?					
Habe ich Angst vor X? (anstatt Vertrauen)					
Hat X im Coaching den Überblick und überprüft er langfristig die vereinbarten Ziele und ändert sie eventuell oder die Strategien?					
Freue ich mich aufs nächste Coaching mit X?					
Spricht X im richtigen Moment das richtige Thema an?					
Bin ich bei ihm mit Themenvorschlägen willkommen und greift er sie auf?					
Verfügt X über eine Vielfalt an Coachingwerkzeugen?					
Nehme ich ihm eine fördernde Haltung als Coach ab? (oder schmückt er sich nur mit dieser Tätigkeit, weil es gerade in ist)					
Habe ich von anderen schon positives Feedback bekommen, das ich auf das erfolgreiche Coaching bei ihm zurückführe?					
Lässt sich X ebenfalls coachen und ist insofern Vorbild für mich?					
Vertraue ich darauf, dass er mich an andere Spezialisten weiterempfiehlt, wenn er nicht kompetent ist?					
Bin ich engagiert, wenn wir gemeinsam neue Ziele und Fähigkeiten entwickeln?					
Gibt X überwiegend Ziele vor/überwiegend Anweisungen? (anstatt sie – wenn passend – mit mir zu entwickeln)					
Misst er meine Erfolge ausschließlich an den erreichten Zahlen der Abteilung? (anstatt auch meine persönlichen Fortschritte, die sich vielleicht erst später in Zahlen niederschlagen)					
Stimmt die Balance zwischen der Einbeziehung privater Themen und meiner Privatsphäre, die ich nicht zum Coachinggegenstand machen möchte?					
Fühle ich mich mit X auf gleicher Augenhöhe? (Oder schaue ich zu ihm auf und fühle mich klein und minderwertig?)					
Macht X seine Vorgehensweise, seine Methoden und die psychologischen Grundlagen, mit denen er coacht, transparent?					
Haben Gefühle einen angemessenen Raum?					
Gibt es am Ende des Gesprächs eine Zusammenfassung, ein gegenseitiges Feedback und auf weiteres zukünftiges Vorgehen?					

Weiterführende Literatur

Bandler, Richard und Grinder, John
„Bitte verändern Sie sich jetzt! – Transkripte meisterhafter NLP-Sitzungen"
Junfermann Verlag Paderborn, 2003
Mit und ohne Vorkenntnisse des NLP lebendig lesbar mit mutiger Veränderungsarbeit.

W. Bodhidharma „Achtung Marketing"
Wild Dragon media Verlag Johannes Voermanek, 2003
Praxisnahe Analysen über die Zusammenhänge zwischen den „Schwachstellen" unserer Psyche und unserer Manipulierbarkeit einerseits sowie Marketing und Werbung andererseits. Aus der Sicht des Konsumenten. Für Laien sowie Fachleute aus Psychologie, Coaching, Werbung und Wirtschaft.

Blanchard, Kenneth/Zigarmi, Patricia
„Der Minutenmanager – Führungsstile"
Rowohlt Verlag, 2002
Zum Thema Führung und Führungsstile, allgemein, kurz, praxisnah und auf den Punkt gebracht

Braun, Roman/Gawlas, Helmut/Schmalz, Amanda/Dauz, Edgar
„Die Coaching Fibel" – Wirtschaftswoche
Linde international, 2004
Stichwortartiger Überblick über Coachingmöglichkeiten. Erwähnte Methoden müssen anderweitig vertieft werden

Buchner, Dieter/Schmelzer, Josef A.
„Führen und Coachen" Gabler, 2003
Gute Balance zwischen theoretischem Background und praktischen Fällen, sehr ausführlich

Hella und Jürgen Dahmer
„Gesprächsführung"
Thieme Verlag, Medizinische Fachbücher, 2003
Allgemein über Gesprächsführung, fundiert, relativ trocken und technisch, da medizinische Fachliteratur.

Dilts, Robert B. und Bandler, Richard und Grinder, John
„Strukturen subjektiver Erfahrung"
Junfermann Verlag Paderborn, 2003
Ermutigt zu Veränderungen und einer neuen Sicht über Lernen neuer Denk- und Verhaltensstrukturen

Fischer-Epe, Maren
„Coaching: Miteinander Ziele erreichen"
rororo, 2002
Sehr praxisnah, griffig und anschaulich

Haberleitner, Elisabeth/Deistler, Elisabeth/Ungvari, Robert
„Führen, Fördern, Coachen"
Redline Wirtschaft, 2004
Praxisorientiert mit vielen Beispielen

Hausmann, Michael und Polzer, Erich
„Die Führungskraft als Coach"
managerseminare, 2004
Richtet sich an Trainer von Führungskräfteseminaren. Die Tipps können auch für Führungskräfte von hohem praktischen Nutzen sein.

Keirsey, David W.
„Versteh mich bitte: Charakter-und-Temperament-Typen)
Über den Myers-Briggs®-Typenindikator (MBTI®)

Middendorf, Jörg und Thönneßen, Johannes
„Fit durch Coaching"
Hanser, 2003
Interessante Fallbeispiele mit mehreren Beratungsvarianten durch unterschiedliche Coachs.

Rauen, Christopher
„Handbuch Coaching" Hogrefe, 2002
Solides fundiertes Grundlagenwerk für professionelles Coaching

Riemann, Fritz
„Grundformen der Angst", E. Reinhardt 2002
Basisbuch für die menschliche Psyche, Persönlichkeitsmodell, das von Friedemann Schulz von Thun und Christoph Thomann weiterentwickelt wurde.

Rosenberg, Marshall
„Gewaltfreie Kommunikation"
Junfermann Verlag, 2003
Auch zu Ich-Botschaften, Formulieren von Gefühlen, Bedürfnissen und Bitten. Eine Inspiration mit Herz und Verstand fürs Berufs- und Privatleben

Schulz von Thun, Friedemann
„Miteinander reden Band 1 und 2 rororo, Erstauflage 1981
Standardwerk zu Kommunikation. Grundlagenmodelle wie das „Sender-Empfänger-Modell", die „vier Seiten einer Nachricht", „mit vier Ohren hören" usw. werden hier vermittelt. Ein Muss für jeden Kommunikator!

Friedemann Schulz von Thun
„Miteinander reden Band 3" rororo, Erstauflage 1998
Zum inneren Team

Ders. und Wibke Stegemann
„Das innere Team in Aktion", rororo, 2004
Zum inneren Team

Ders. und Christoph Thomann
„Klärungshilfe", rororo, Band 1 (2003) und Band 2 (2004)
Weiterentwicklung des Persönlichkeitsmodells von Fritz Riemann

Bärbel Wardetzki
„Ohrfeige für die Seele" und „Mich kränkt so schnell keiner!" Kösel Verlag 2000 und 2001
Zu Kränkung, Kränkungsmechanismen und den typischen Reaktionen auf Kränkungen. Geht psychologisch/psychotherapeutisch in die Tiefe

Expertenwissen auf einen Klick

Gratis Download:
MiniBooks – Wissen in Rekordzeit

MiniBooks sind Zusammenfassungen ausgewählter BusinessVillage Bücher aus der Edition PRAXIS.WISSEN. Komprimiertes Know-how renommierter Experten – für das kleine Wissens-Update zwischendurch.

Wählen Sie aus mehr als zehn MiniBooks aus den Bereichen: **Erfolg & Karriere, Vertrieb & Verkaufen, Marketing und PR.**

→ www.BusinessVillage.de/Gratis

BusinessVillage
Update your Knowledge!

Verlag für die Wirtschaft

BusinessVillage – Update your Knowledge!

Edition Praxis.Wissen je 21,80 Euro *

Persönlicher Erfolg

559	Projektmanagement kompakt – Systematisch zum Erfolg, Stephan Kasperczyk; Alexander Scheel
583	Free your mind – Das kreative Selbst, Albert Metzler
596	Endlich frustfrei! Chefs erfolgreich führen, Christiane Drühe-Wienholt
624	Gesprächsrhetorik, Stéphane Etrillard
631	Alternatives Denken, Albert Metzler
646	Geschäftsbriefe und E-Mails – Schnell und professionell, Irmtraud Schmitt
721	Intuition – Die unbewusste Intelligenz, Jürgen Wunderlich
733	Limbic Mind – Die intelligente Schlagfertigkeit, Christine Lehner; Sabine Weihe
754	Einfach gesagt – Wenn jeder plötzlich zuhört und versteht, Oliver Groß

Präsentieren und konzipieren

590	Konzepte ausarbeiten – schnell und effektiv, Sonja Klug
632	Texte schreiben – Einfach, klar, verständlich, Günther Zimmermann
635	Schwierige Briefe perfekt schreiben, Michael Brückner
625	Speak Limbic – Wirkungsvoll präsentieren, Anita Hermann-Ruess

Richtig führen

555	Richtig führen ist einfach, Matthias K. Hettl
614	Mitarbeitergespräche richtig führen, Annelies Helff; Miriam Gross
616	Plötzlich Führungskraft, Christiane Drühe-Wienholt
629	Erfolgreich Führen durch gelungene Kommunikation, Stéphane Etrillard; Doris Marx-Ruhland
638	Zukunftstrend Mitarbeiterloyalität, 2. Auflage, Anne M. Schüller
643	Führen mit Coaching, Ruth Hellmich

Vertrieb und Verkaufen

562	Vertriebsmotivation und Vertriebssteuerung, Stéphane Etrillard
606	Sell Limbic – Einfach verkaufen, Anita Hermann-Ruess
619	Erfolgreich verhandeln, erfolgreich verkaufen, Anne M. Schüller
664	Best-Selling – Verkaufen an die jungen Alten, Stéphane Etrillard
668	Mystery Shopping, Ralf Deckers; Gerd Heinemann
726	Sog-Selling – Einfach unwiderstehlich verkaufen, Stéphane Etrillard
753	Zukunftstrend Empfehlungsmarketing, 2. Auflage, Anne M. Schüller
759	Events und Veranstaltungen professionell managen, 2. Auflage, Melanie von Graeve

PR und Kommunikation

549	Professionelles Briefing – Marketing und Kommunikation mit Substanz, Klaus Schmidbauer
557	Krisen PR – Alles eine Frage der Taktik, Frank Wilmes
569	Professionelle Pressearbeit, Annemike Meyer
594	1×1 für Online-Redakteure und Online-Texter, Saim Rolf Alkan
595	Interne Kommunikation. Schnell und effektiv, Caroline Niederhaus
653	Public Relations, Hajo Neu, Jochen Breitwieser
691	Wie Profis Sponsoren gewinnen, 2. Auflage, Roland Bischof

Online-Marketing

690	Erfolgreiche Online-Werbung, 2. Auflage, Marius Dannenberg; Frank H. Wildschütz
692	Effizientes Suchmaschinen-Marketing, 2. Auflage, Thomas Kaiser
731	Was gute Webseiten ausmacht, Tobias Martin; Andre Richter

BusinessVillage – Update your Knowledge!

Edition Praxis.Wissen je 21,80 Euro *

Marketing

546	Telefonmarketing, Robert Ehlert; Annemike Meyer
566	Seniorenmarketing, Hanne Meyer-Hentschel; Gundolf Meyer-Hentschel
567	Zukunftstrend Kundenloyalität, Anne M. Schüller
574	Marktsegmentierung in der Praxis, Jens Böcker; Katja Butt; Werner Ziemen
612	Cross-Marketing – Allianzen, die stark machen, Tobias Meyer; Michael Schade
647	Erfolgsfaktor Eventmarketing, Melanie von Graeve
661	Allein erfolgreich – Die Einzelkämpfermarke, Giso Weyand
712	Der WOW-Effekt – Kleines Budget und große Wirkung, Claudia Hilker

Unternehmensführung

622	Die Bank als Gegner, Ernst August Bach; Volker Friedhoff; Ulrich Qualmann
634	Forderungen erfolgreich eintreiben, Christine Kaiser
656	Praxis der Existenzgründung – Erfolgsfaktoren für den Start, Werner Lippert
657	Praxis der Existenzgründung – Marketing mit kleinem Budget, Werner Lippert
658	Praxis der Existenzgründung – Die Finanzen im Griff, Werner Lippert
700	Bankkredit adieu! Die besten Finanzierungsalternativen, Sonja Riehm; Ashok Riehm
701	Das perfekte Bankgespräch, Jörg T. Eckhold; Hans-Günther Lehmann; Peter Stonn
755	Der Bambus-Code – Schneller wachsen als die Konkurrenz, Christian Kalkbrenner; Ralf Lagerbauer

Edition BusinessInside +++ Neu +++

693	Web Analytics – Damit aus Traffic Umsatz wird, Frank Reese, 287 S., 34,90 €
714	Professionelles Projektmanagement in Kultur und Event, Wolf Rübner; Ulrich Wünsch, 250 S., 24,80 €
741	Online-Communities im Web 2.0, Miriam Godau; Marco Ripianti, 200 S., 34,90 €
756	Trends erkennen – Zukunft gestalten, Ralf Deckers; Gerd Heinemann, 212 S., 34,80 €

BusinessVillage Fachbücher – Einfach noch mehr Wissen

598	Geburt von Marken, Busch; Käfer; Schildhauer u.a.; 39,80 Euro
679	Speak Limbic – Das Ideenbuch für wirkungsvolle Präsentationen, Anita Hermann-Ruess, 79,00 €
688	Performance Marketing, 2. Auflage, Thomas Eisinger; Lars Rabe; Wolfgang Thomas (Hrsg.), 39,80 €
771	Erfolgreich Selbstständig 2008/2009, Detlef Kutta; Karsten Mühlhaus (Hrsg.), 9,95 €
725	BrandNameChange, Hans H. Hamer, 49,00 €
745	Was im Verkauf wirklich zählt!, Walter Kaltenbach, 24,80 €

Sachbücher

603	Die Kunst der Markenführung, Carsten Busch; Sonja Kastner; Christina Vaih-Baur, 160 S., 17,90 €
700	Bankkredit adieu! Die besten Finanzierungsalternativen, Sonja Riehm; Ashok Riehm, 207 S., 24,80 €
730	High Probability Selling – Verkaufen mit hoher Wahrscheinlichkeit, Werth; Ruben; Franz, 228 S., 24,80 €
757	Die Exzellenz-Formel – Das Handwerkszeug für Berater, J. Osarek; A. Hoffmann, 300 S., 39,80 €
769	Selbstvermarktung freihändig, Jens Kegel, 240 S., 24,80 €
782	Außergewöhnliche Kundenbetreuung, Maria A. Musold, 224 S., 24,80 €
788	Ihr starker Auftritt, Eva Ruppert, 170 S., 17,90 €

Bücher für Ihren Erfolg

Eva Ruppert
Ihr starker Auftritt
188 Seiten • 17,90 Euro
ISBN 978-3-938358-90-0
Art.-Nr. 788

Jens Kegel
Selbstvermarktung freihändig
242 Seiten • 24,80 Euro
ISBN 978-3-938358-83-2
Art.-Nr. 769

Werth • Ruben • Franz
High Probability Selling
232 Seiten • 24,80 Euro
ISBN 978-3-938358-55-9
Art.-Nr. 730

Busch • Kastner • Vaih-Baur
Die Kunst der Markenführung
160 Seiten • 17,90 Euro
ISBN 978-3-934424-81-4
Art.-Nr. 603

Frank Reese
Web Analytics – Damit aus Traffic Umsatz wird
2. Auflage
287 Seiten • 34,90 Euro
ISBN 978-3-938358-71-9
Art.-Nr. 693

Godau • Ripanti
Online-Communitys im Web 2.0
214 Seiten • 34,90 Euro
ISBN 978-3-938358-70-2
Art.-Nr. 741

Kasperczyk • Scheel
Projektmanagement kompakt
110 Seiten • 21,80 Euro
ISBN 978-3-934424-92-0
Art.-Nr. 559

Deckers • Heinemann
Trends erkennen – Zukunft gestalten
216 Seiten • 34,80 Euro
ISBN 978-3-938358-78-8
Art.-Nr. 756

Kalkbrenner • Lagerbauer
Der Bambus-Code – Schneller wachsen als die Konkurrenz
122 Seiten • 21,80 Euro
ISBN 978-3-938358-75-7
Art.-Nr. 755

Anita Hermann-Ruess
Speak Limbic – Wirkungsvoll präsentieren
128 Seiten • 21,80 Euro
ISBN 978-3-938358-27-6
Art.-Nr. 625

Sonja Ulrike Klug
Konzepte ausarbeiten – schnell und effektiv
3. Auflage
127 Seiten • 21,80 Euro
ISBN 978-3-938358-82-5
Art.-Nr. 772

Anne M. Schüller
Zukunftstrend Empfehlungsmarketing
2. Auflage
141 Seiten • 21,80 Euro
ISBN 978-3-938358-63-4
Art.-Nr. 753

www.BusinessVillage.de • Update your Knowlegde